Joseph Warshaw

Das Willensproblem

Joseph Warshaw

Das Willensproblem

ISBN/EAN: 9783742813312

Hergestellt in Europa, USA, Kanada, Australien, Japan

Cover: Foto ©Klaus-Uwe Gerhardt /pixelio.de

Manufactured and distributed by brebook publishing software (www.brebook.com)

Joseph Warshaw

Das Willensproblem

Das Willensproblem,

namentlich in der englischen Philosophie des XIX. Jahrhunderts.

Inaugural-Dissertation

der

Philosophischen Fakultät der Gesamt-Universität Jena

zur

Erlangung der Doktorwürde

vorgelegt

von

J. Warschauer, M. A., Oxon.

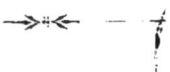

JENA
Druck von Bernhard Vopelius
1899.

Genehmigt von der philosophischen Fakultät der Universität Jena auf Antrag des Herrn Professor Dr. EUCKEN.

Jena, den 8. Juli 1899.

        Geh. Hofrat Professor Dr. **Goetz**,
          z. Zt. Dekan.

Ἔοικε δὴ ἄνθρωπος εἶναι ἀρχὴ τῶν πράξεων.
E. N. III. 3. 15.

Πρὸς δὲ τούτοις ὁ γ᾽ ἄνθρωπος καὶ πράξεών τινών ἐστιν ἀρχὴ μόνον τῶν ζῴων.
E. E. II. 6. 1222. b. 18.

Καὶ γὰρ τῶν ἕξεων συναίτιοί πως αὐτοί ἐσμεν, καὶ τῷ ποιοί τινες εἶναι τὸ τέλος τοιόνδε τιθέμεθα.
E. N. III. 5. 20.

Inhaltsverzeichnis.

 |Seite
---|---

Einleitung . 1

I. Das Willensproblem in der Nikomachischen Ethik . 3

II. Das Willensproblem in der neueren englischen Philosophie:

§ 1. Das Willensproblem und die Verantwortlichkeitsidee . 37

§ 2. Das Willensproblem und die ethische Berechtigung der Strafe 42

§ 3. Das Willensproblem und die Bewusstseinsthatsachen . 49

§ 4. Das Willensproblem und der Theismus . 66

§ 5. Der „freie Wille" und das freie Ich . 73

Einleitung.

In einer bekannten Stelle seines „Verlorenen Paradieses" schildert Milton eine vorsündflutliche metaphysische Diskussion zwischen den bösen Engeln: um Prädestination und den freien Willen soll es sich da gehandelt haben; aber was Resultate anbetrifft, so kann uns der Dichter nur berichten, dass die streitführenden Parteien „in wandelnden Irrgängen verloren, zu keinem Auswege gelangten". Ohne dem Disput über diese Probleme ein prähistorisches Alter beizumessen, können wir doch in den Worten Miltons eine Hindeutung auf die Thatsache erblicken, dass wo und wann auch immer die Intelligenz endlicher Wesen zum Selbstbewusstsein gelangt, sie gerade dieser Grundfrage sich zuwenden und an ihr ihre Kräfte versuchen wird; und ferner eine Andeutung von des Dichters eigener Meinung, dass die Intelligenz solcher Wesen an der Lösung dieser Frage von jeher gescheitert ist — vielleicht scheitern muss, und daher wohl am besten thäte, sie als unlösbar anzuerkennen. Dass gerade die zur Verdammnis bestimmten Geister sich mit ihr beschäftigen, giebt wohl zu verstehen, dass das Nachgrübeln über solchen Welträtseln nach seiner Ansicht eine Sisyphusarbeit, eine zwecklose und ewig undankbare Aufgabe sei.

Wie es nun auch um diese Auslegung Miltons stehe, sicher ist es jedenfalls, dass das Willensproblem zu allen Zeiten Lieblingsgegenstand philosophischer Forschungen gewesen ist; und namentlich in des Dichters eigenem Lande hat es nie an Denkern gefehlt, die es auf die eine oder die andere Weise zu erklären sich bemüht, für die Freiheit oder die Unfreiheit des Willens Partei ergriffen haben. Die folgenden Zeilen sollen einen Versuch bilden, dem deutschen Publikum vorzuführen, welche Stellung typische englische Philosophen des abschliessenden Jahrhunderts — Männer wie Sir W. Hamilton, Dean Mansel, J. S. Mill, James Martineau, Henry Sidgwick, und Vertreter der Greenschen Richtung wie Stewart — zu dieser Frage genommen haben; und zwar nicht in der Form historischer Präsentation, sondern kritischer Erörterung der Erwägungen für und wider, in welcher die Meinungen der genannten Denker angeführt und auf ihre Gültigkeit hin untersucht werden sollen. An diesen Versuch soll sich sodann ein weiterer, kürzerer reihen, eine selbständige Theorie der menschlichen Freiheit oder Unfreiheit aufzustellen und sie womöglich in Bezug sowohl auf theoretische Gültigkeit als auf ihre praktischen Ergebnisse zu begründen.

Wir sind jedoch der Ansicht, an diese Aufgabe nicht besser schreiten zu können, als im Anschluss an eine vorherige erklärende Darstellung des klassischen Musters aller späteren Diskussionen unseres Themas, wie es uns nämlich im Anfange des dritten Buches der nikomachischen Ethik gegeben ist. Nicht nur sind diese fünf Kapitel als grundlegende Vorarbeit zu allem was später auf diesem Gebiete geleistet worden ist zu betrachten, sondern wir werden das Charakteristische des Problems, wie es die Neuzeit auffasst, klarer verstehen, wenn wir gesehen haben, in welcher Form es sich dem grössten systematischen Denker des Altertums vorstellte. Man braucht sich nicht unkritisch auf den Standpunkt des Aristoteles zu stellen, um die hohe Bedeutung seiner Ausführungen über die Willensfrage zu würdigen; und gerade in allerletzter Zeit hat der neueste, der tonangebenden idealistischen Oxforder Schule angehörige Kommentator des Aristoteles einen Versuch gemacht, dessen Worte in einem diese Schule begünstigenden Sinne auszudeuten, der zu erneutem, vorsichtigem Studium des Grundtextes auffordert. Mit diesem Versuche wollen wir uns an seiner Stelle beschäftigen, und überhaupt die ganze Streitfrage behandeln, ob Aristoteles im modernen Sinne als Determinist oder Libertarier anzusehen sei.

Wir glauben also dem Leser mit gutem Gewissen, und als unserem Hauptthema nicht fernstehend, sondern zu demselben eine passende Einleitung bildend, die folgenden Bemerkungen zu Eth. Nic. III, 1 —v bieten zu dürfen, und gehen nun ohne Weiteres zu diesen über.

I.
Das Willensproblem in der nikomachischen Ethik.

Zu einem richtigen Verständnisse der aristotelischen Lehre vom Willen in der nikomachischen Ethik ist es vor Allem notwendig, zwei Punkte von Anfang an möglichst scharf ins Auge zu fassen: erstens, dass Aristoteles über diesen Gegenstand nicht als Metaphysiker schreibt, und zweitens, dass die Ethik in seiner Philosophie nicht denselben Platz einnimmt wie in der modernen, sondern für ihn gleichsam nur eine Art Prolegomena zur Staatslehre bildet und ihm hauptsächlich als solche von Wichtigkeit erscheint. Falls wir einen oder den anderen dieser Punkte unberücksichtigt lassen, — falls wir etwa die Kapitel, in welchen er dieses Thema behandelt, mit denselben Vorbegriffen lesen als John Stuart Mills „Bemerkungen über Freiheit und Notwendigkeit", — so laufen wir Gefahr, seinen Sinn und sein Ziel, sowie den Wert seiner Betrachtungen durchaus zu misdeuten. Wenn wir behaupten, dass Aristoteles über den Willen nicht als Metaphysiker schreibt, so wollen wir damit sagen, dass die Frage, welche seit der Zeit des Pelagius die Theologen und Philosophen in so hohem Masse beschäftigt hat, die Frage der Freiheit des menschlichen Willens, im vierten Jahrhundert vor Chr. noch kaum aufgetaucht war, oder wenigstens noch keinen deutlichen Ausdruck gefunden hatte. Ein Demokrit mochte dunkel darauf hingedeutet haben, dass „im Wirbel der Notwendigkeit der Mensch nur ein halber Sklave sei"; ein Plato konnte in seiner Mythe vom Er wohl die Meinung aussprechen, dass die Lehre von der Seelenwanderung der menschlichen Verantwortlichkeit keinen Abbruch thue — αἰτία ἑλομένου· θεὸς ἀναίτιος; aber vergebens sehen wir uns nach irgend einem deutlichen Fingerzeige dafür um, dass das Freiheitsproblem und die Pflichtidee der Intelligenz des Zeitalters bereits in völliger Klarheit vorgeschwebt habe. Wie Sir Alexander Grant geistvoll bemerkt, „wenn die Philosophie des Plato und Aristoteles, im Vergleiche zu der der sieben Weisen, eine bewusste genannt werden konnte, so kann die Philosophie der Neuzeit, im Vergleiche mit der ihrigen, als selbstbewusst bezeichnet werden".

Was nun unseren zweiten Punkt anbetrifft, so liegt es wohl auf der Hand, dass ein Moralphilosoph, der seine Schrift hauptsächlich mit Hinsicht auf die Lenkung öffentlicher Angelegenheiten verfasst — und zwar der Angelegenheiten einer πόλις, eines staatlichen Organismus, für den im modernen Völkerleben kein Äquivalent existiert — sowohl in seinem allgemeinen Gedankengange als in der Wahl seiner Beweise von seinem eigentlichen Endzweck beeinflusst werden muss: seine Auffassung des τέλος bestimmt die Wahl des πρὸς τὸ τέλος. Wenn er daher das Thema der „freiwilligen Handlung" mit den Worten einleitet, ἀναγκαῖον διορίσαι τοῖς περὶ ἀρετῆς διασκοποῦσι, χρήσιμον δὲ καὶ τοῖς νομοθετοῦσι πρός τε τὰς τιμὰς καὶ τὰς κολάσεις (III, 1, ι. 2), so sehen wir hierin bereits die vorgreifende Erklärung all seiner Anrufungen des Sprachgebrauchs und der hergebrachten Meinung, all der argumenta ad hominem, denen wir später begegnen werden. In einer Abhandlung, welche ein weiteres Ziel als das politische verfolgt, würden diese sich natürlich als ungenügend erweisen; gerade ein solches politisches oder staatswissenschaftliches Ziel ist aber das von Aristoteles verfolgte. — Mit diesen einleitenden Betrachtungen schreiten wir nun an die eingehendere Darstellung und Erklärung seiner Lehre vom menschlichen Willen.

Im zweiten Buche der N. E. bespricht Aristoteles die ἠθικὴ ἀρετή im allgemeinen, und entwickelt dabei seine Lehre von der μεσότης. Bevor er nun an die Diskussion der einzelnen ἀρεταί und der diesen entsprechenden Uebertreibungen und Mängel geht, bemerkt er, dass Lob und Tadel nur bei freiwilligen Handlungen in Betracht kommen können, und wirft bei dieser Gelegenheit die wichtige Frage auf, worin denn Freiwilligkeit und Unfreiwilligkeit eigentlich bestehe, — eingestandenermassen im Interesse des Gesetzgebers, und ohne tieferen, d. h. metaphysischen Zweck.

Es ist charakteristisch für die Untersuchungsmethode des Aristoteles, die eben im vorliegenden

Falle nicht streng spekulativ ist, dass er freiwillige Handlungen einfach dadurch definiert, dass er sie denjenigen gegenüberstellt, welche unfreiwillig „scheinen", oder volkstümlich als solche angesehen werden, d. h. Handlungen, welche 1. zwangsweise, $\beta i\alpha$, oder 2. aus Unwissenheit, $\delta i'\ \ddot{\alpha}\gamma\nu o\iota\alpha\nu$, begangen werden. Es ist wahr, dass hinter dieser etwas unbefriedigenden Definition seine in einem späteren Kapitel ausgedrückte Auffassung des Menschen als einer $\dot{\alpha}\varrho\chi\dot{\eta}\ \tau\tilde{\omega}\nu\ \pi\varrho\dot{\alpha}\xi\epsilon\omega\nu$ liegt; wodurch aber der Mensch zu einer solchen $\dot{\alpha}\varrho\chi\dot{\eta}$ wird, entwickelt er weder hier noch anderswo.

Die erste Klasse unfreiwilliger Handlungen wird von ihm als $o\tilde{\iota}\ \dot{\eta}\ \dot{\alpha}\varrho\chi\dot{\eta}\ \ddot{\epsilon}\xi\omega\theta\epsilon\nu,\ \mu\eta\delta\dot{\epsilon}\nu\ \sigma\nu\mu\beta\alpha\lambda\lambda o\mu\dot{\epsilon}\nu o\nu$ $\tau o\tilde{\nu}\ \pi\varrho\dot{\alpha}\tau\tau o\nu\tau o\varsigma$ beschrieben. Unter $\beta i\alpha$ versteht Aristoteles absoluten physischen Zwang, was aus den von ihm angeführten Beispielen erhellt. Es liesse sich vielleicht behaupten, dass unter derartigen Umständen der Ausdruck „Handlung" ein unstatthafter ist, da unter ihnen von keinem $\pi\varrho\dot{\alpha}\tau\tau\omega\nu$, sondern nur von einem $\pi\dot{\alpha}\sigma\chi\omega\nu$ die Rede sein kann, welch letzterer selbstverständlich unfreiwillig — oder wenigstens nicht freiwillig — ist, insofern als er in die Handlung passiv einwilligen kann, ohne aktiv zu ihrer Ausführung beizutragen. Auf Verfeinerungen dieser Gattung lässt sich jedoch Aristoteles nicht ein, sondern geht sogleich zu einer wichtigen Unterabteilung über, den „unangenehmen oder unliebsamen Alternativen". Die Frage ist, handelt ein Mensch, der aus Furcht, oder $\dot{\alpha}\nu\tau\dot{\iota}$ $\mu\epsilon\gamma\dot{\alpha}\lambda\omega\nu\ \varkappa\alpha\dot{\iota}\ \varkappa\alpha\lambda\tilde{\omega}\nu$ einen ungerechten oder thörichten Akt begeht, freiwillig oder unfreiwillig? Aristoteles Entscheidung stimmt mit seiner buchstäblichen Auslegung des Wortes „Motiv" überein: er leugnet, dass irgend etwas anderes als physische Notwendigkeit einen Akt zu einem unfreiwilligen stempeln kann. Das

Äusserste, was er zuzugeben geneigt ist, ist, dass solche Akte ἁπλῶς ἴσως ἀκούσια sind, die Niemand um ihrer selbst willen begehen würde; die ἀρχὴ τοῦ κινεῖν τὰ ὀργανικὰ μέρη ist in dem Begehenden, und dessen Handlungen sind daher καθ' αὑτὰ μὲν ἀκούσια, νῦν δὲ καὶ ἀντὶ τῶνδε ἑκούσια. Während er sie also als μικταὶ πράξεις beschreibt, ist es offenbar, dass sie seiner Ansicht nach vorwiegend freiwillig sind; unser moralisches Urtheil muss 1. nach der Stärke des Beweggrundes, resp. der Versuchung, 2. nach dem Grade des begangenen Unrechts bemessen sein.

Hier angelangt, findet es Aristoteles jedoch ratsam, einem möglichen Misverständnisse seines Standpunktes vorzubeugen. Wenn ein Zwangsakt derjenige ist, οὗ ἡ ἀρχὴ ἔξωθεν, so könnte es Jemandem beifallen zu behaupten, dass alle Motive wie Genuss und Ehrgeiz — τὰ ἡδέα καὶ τὰ καλά [1]) — die unter ihrem Anreiz begangenen Handlungen zu unfreiwilligen machen, da solche Anreizungen eben äusserliche sind. Aristoteles entgegnet hierauf:

1. Da die zwei genannten Motive universell oder allgemein gültig sind, so würde eine derartige Anschauung freiwillige Handlungen überhaupt ausschliessen.

— Diese Art der Beweisführung, so überzeugend sie auch für die Zeitgenossen gewesen sein mag, würde gegen den neueren Determinismus wenig vermögen.

2. Die Ausführung von Zwangsakten wird von Schmerzen und Widerstreben begleitet, während den zwei genannten Motiven gern Folge geleistet wird. —

---

[1]) Eine plausiblere Lesart, welche jedoch dokumentarischer Autorität entbehrt, ist τὰ ἡδέα καὶ τὰ λυπηρά, was jedenfalls besser mit Aristoteles Auffassung von Universalmotiven übereinstimmt.

Hiergegen siehe die widersprechende und wahrscheinlich richtigere Meinung in E. N. III. ix. 4—5.

3. Das wahre Motiv in diesen Fällen ist nicht sowohl das äussere Vergnügen usw., als unsere eigene Empfänglichkeit — αὐτὸν εὐθήρατον ὄντα ὑπὸ τῶν τοιούτων, d. h. wir sind willige Opfer. — Diese Bemerkung greift einem auch in der neueren Zeit oft angeführten Beweise für die menschliche Freiheit, der Subjektivität der Motive, vor; diese letztere ist aber nur bis zu einem gewissen Grade beweisbar.

4. Wenn wir für unsere guten Handlungen unsere eigene Verantwortlichkeit übernehmen, so dürfen wir unsere schlimmen nicht äusseren Antrieben zuschreiben. — Dies ist ein von Aristoteles öfters wiederholtes argumentum ad populum.

Professor Stewart (Notes on the N. E. of Aristotle) resumiert Aristoteles Lehre folgendermassen: „Der Hauptpunkt, auf welchen er abzielt, ist der, dass wir eines Menschen Antriebe, gut oder schlecht, nicht von ihm selbst abstrahieren oder sagen dürfen, dass sie äusserlicher Natur seien und Zwang auf ihn ausüben. Die späteren Lehren vom freien oder unfreien Willen irrten gleichmässig, indem sie die Abstraktion machten, gegen welche Aristoteles hier eintritt." Wir müssen es momentan dahingestellt sein lassen, mit welcher Berechtigung Stewart die Abspiegelung seines eigenen Idealismus im Aristoteles wiederzufinden glaubt.

Was nun die zweite Klasse unfreiwilliger Handlungen, nämlich der δι' ἄγνοιαν begangenen, anbetrifft, so schickt Aristoteles voraus, dass der Thäter nur dann Unwissenheit vorschützen kann, wenn er 1. die Handlung bereut, sowie er erfährt, was er gethan hat, und 2. für seine Unwissenheit nicht verantwortlich ist. Wo die erste Bedingung nicht erfüllt wird, da bestätigt der Thäter durch seine Nichttreue die Handlung, die nun nicht mehr ἄκουσιον, sondern οὐχ ἑκούσιον zu nennen ist, da der letztere Begriff nicht die Idee der Entlastung enthält. Ist der Thäter wiederum für seine Unwissenheit verantwortlich, so kann er sich nicht als der That unschuldig darstellen, zu der ihn ebendiese Unwissenheit verleitet hat; Trunkenheit ist z. B. keine Entschuldigung für ein in diesem Zustande begangenes Verbrechen. Hierin liegt der Unterschied zwischen „δἰ ἄγνοιαν" und „ἀγνοῶν", welchen Aristoteles nun weiter entwickelt. Jeder lasterhafte Charakter, jeder μοχθηρός, könnte in gewissem Sinne als Sünder aus Unwissenheit der elementaren Rechtsvorstellungen bezeichnet werden — eine Reminiscenz an Plato; solche Unkenntnis aber stempelt einen Akt nicht zu einem unfreiwilligen, sondern zu einem moralisch verwerflichen. Er klassifiziert die Arten der Unwissenheit daher in folgender Weise: 1. ἄγνοια τοῦ συμφέροντος, welche keiner That zur Entschuldigung gereicht, weil sie an und für sich unentschuldbar ist. 2. ἄγνοια ἐν τῇ προαιρέσει; dies ist die Unwissenheit, deren Typus der ἀκόλαστος ist, der Mensch, welcher, wie Aristoteles sich anderswo ausdrückt (VII. III. 20), ἄγεται προαιρούμενος νομίζων ... δεῖν, und selbstverständlich macht solche gewissermassen freiwillige Unwissenheit einen Akt nicht zu einem unfreiwilligen. 3. ἡ τοῦ καθόλου ἄγνοια, von welcher alsdann die Rede sein könnte, wenn der Thäter durch absolute Unkenntnis des Gebiets, der Bedingungen seines Unternehmens, auf Irrwege geriete. Auch in diesem Falle könnte er sich nicht zur Entschuldigung auf Unwissenheit berufen[1]), denn er hätte eben wissen

---

[1]) γίγνονται γὰρ διά γε ταύτην: „Freiwilligkeit" ist für Aristoteles gleichbedeutend mit „Verantwortlichkeit", d. h. was

sollen, dass er nichts von der Sache verstand, und diese allein lassen sollen. 4. Aristoteles kommt daher zu der Entscheidung, dass die einzige Art der Unwissenheit, die zur Entschuldigung dienen kann, Unwissenheit irgend eines besonderen Umstandes ist — τίς τε καὶ τί καὶ περὶ τί ἢ ἐν τίνι πράττει, ἐνίοτε δὲ καὶ τίνι ... καὶ ἕνεκα τίνος καὶ πῶς — d. h. wenn es wirklich nicht zu erwarten war, dass der Thäter denselben wissen konnte. Am Abschluss dieser ausführlichen Diskussion über unfreiwillige Handlungen erklärt Aristoteles als freiwillig diejenigen, deren Beweggrund und Antrieb im Thäter selbst liegt, vorausgesetzt, dass ihm die sämtlichen durch die Handlung bedingten Umstände bekannt sind — οὗ ἡ ἀρχὴ ἐν αὐτῷ εἰδότι τὰ καθ' ἕκαστα ἐν οἷς ἡ πρᾶξις.

Es erübrigt noch zu erwägen, ob diese Definition Handlungen einschliesst, welche aus unbezähmbarer Leidenschaft — θυμός, ἐπιθυμία — hervorgehen; Aristoteles verneint dies aus den folgenden Gründen:

1. θυμός und ἐπιθυμία sind allgemeine Beweggründe, und wenn dieselben unsere Handlungen zu unfreiwilligen machen, so müssen wir dieselbe Schlussfolgerung der Handlungen der Kinder und hinsichtlich der Tiere ziehen. — Dies ist ein eigentümlicher Beweis insofern, als es sich kaum annehmen lässt, dass Aristoteles an die moralische Verantwortlichkeit der Tiere glaubte; sollte hier nicht vielleicht eine Korruption des Textes vorliegen?

2. Wenn die guten Handlungen, welche wir aus diesen Antrieben begehen, freiwillig sind, so müssen es die schlechten ebenfalls sein.

Stewart „Haftbarkeit für die Folgen" (coming in for the consequences) nennt.

3. ἄτοπον δὲ ἴσως ἀκούσαι ϕάναι ὧν δεῖ ὀρέγεσθαι; d. h. Gefühle wie θυμός sind manchmal geradezu Pflicht, deren Ausübung freiwillig sein muss.

4. Unfreiwillige Akte werden nur ungern, mit Widerstreben, ausgeführt, während wir der Stimme der Begierde mit Vergnügen folgen.

5. Wenn absichtliche und berechnete Fehltritte freiwillig sind, so müssen diejenigen, deren Ursprung in Leidenschaft zu suchen ist, gleichfalls so bezeichnet werden, denn die Natur des Menschen ist einheitlich. Dem zweiten dieser Gründe, welcher nicht gerade stichhaltig ist, werden wir später (III. v. 19. 20) wiederbegegnen; der dritte ist gleichsam eine Vorahnung des Kantschen „Du kannst, denn du sollst"; der vierte beruht auf einer ziemlich primitiven Psychologie; und der letzte schliesslich ist von Wichtigkeit, indem er darauf hindeutet, dass beim Menschen selbst eine rein physische Leidenschaft unter Bezugnahme auf ein selbstbewusstes, vernünftiges Ich zu betrachten ist: δοκεῖ δὲ οὐχ ἧττον ἀνθρωπικὰ εἶναι τὰ ἄλογα πάθη.

Die Diskussion über freiwillige Handlungen im allgemeinen endet mit dem ersten Kapitel; die drei folgenden behandeln successive die drei geistigen Vorgänge, welche in der Vollziehung jeder Handlung bedingt sind, nämlich:

1. βούλησις, oder den Wunsch nach der Erreichung des Zweckes, den die Handlung anstrebt.

2. βούλευσις, die Berechnung und Auswahl der Mittel zum Zwecke; und

3. προαίρεσις, den Entschluss oder Vorsatz, den Antrieb zur Ergreifung derjenigen Mittel, welche unsere Berechnung als die besten anerkannt hat.

Der Standpunkt, von dem aus Aristoteles seine Analyse dieser Vorgänge beginnt, ist der der That selbst — sein Vorhaben ist, dieselbe auf ein πρῶτον αἴτιον zurückzuführen. Kapitel II behandelt daher προαίρεσις, ein Wort, das, nebenbei bemerkt, bei Aristoteles zum ersten male als philosophischer Fachausdruck erscheint. Seiner beliebten Methode gemäss definiert Aristoteles προαίρεσις durch sorgfältige Unterscheidung von gewissen anderen terminis technicis, mit denen es verwechselt wird oder werden könnte. Vor Allem ist der Unterschied zwischen προαίρεσις und τὸ ἑκούσιον hervorzuheben; προαίρεσις ist ἑκούσιον nur als eine Spezies des letzteren, denn dies bezeichnet ein weiteres Gebiet (ἐπὶ πλέον). Aristoteles Beweis für diese Behauptung ist, dass die Handlungen der Kinder und der Tiere zwar auch ἑκούσια sind, προαίρεσις aber von denselben nicht aussagbar ist; ein Beweis, der zugleich einen ziemlich deutlichen Fingerzeig bietet, dass Aristoteles hier unter τὸ ἑκούσιον nicht sowohl metaphysische Freiheit, als Spontaneität versteht[1]), zwei Begriffe, zwischen denen Martineau (Types of Ethical Theory, Bd. II, p. 31 ff.) mit Recht unterscheidet.

Sein nächstes Bemühen richtet sich darauf, die Verschiedenheit zwischen προαίρεσις einerseits, und ἐπιθυμία, θυμός, βούλησις und δόξα in ein klares Licht zu stellen.

A. προαίρεσις unterscheidet sich von ἐπιθυμία und θυμός 1. dadurch, dass Tiere wohl der letzteren, nicht

---

[1]) Dies mag freilich nicht immer der Fall sein, denn er könnte sonst dem Ausdruck τὸ ἑκούσιον keinen moralischen Inhalt verleihen, wie er dies thut; wir müssen eben bedenken, dass Aristoteles seine eigene Terminologie erst zu münzen hatte, und daher von seinem Gebrauche dieser Worte, deren Sinn noch schwankend war, keine strenge Genauigkeit erwarten.

aber der ersteren fähig sind. 2. ἐπιθ. ist das Merkmal des ἀκρατής, προαίρ. des ἐγκρατής; die beiden können daher nicht identisch sein. 3. προαίρ. und ἐπιθ. streben nach entgegengesetzten, zwei ἐπιθυμίαι nur nach verschiedenen Richtungen — eine Bemerkung, deren Richtigkeit Stewart durch das Beispiel zweier gegenseitlich feindlichen, aber dem ordentlichen Staatswesen gleich widersetzlichen Umsturzparteien trefflich erläutert. 4. ἐπιθυμία wird durch die Vorstellung des Angenehmen oder Schmerzlichen hervorgerufen, während προαίρ. an und für sich mit keinem von Beiden zu schaffen hat. 5. Handlungen, zu denen θυμός und solche, zu denen προαίρ. Anlass giebt, sind absolut verschieden. — Was Aristoteles behauptet, ist, dass ἐπιθυμία ein physischer Instinkt ist, den die ganze Tierwelt teilt, während προαίρ. entschieden menschlich und vernünftig ist (eine Ansicht, die mit der Kants übereinstimmen dürfte), und Überlegung erfordert. Martineau würde zwischen diesen Begriffen derartig unterscheiden, dass, wo ἐπιθ. im Spiele ist, wir uns keiner Alternative bewusst sind; προαίρ., oder was er wohl den Willen nennen würde, fordert bewusste Wahl.

B. βούλησις ist weder mit ἐπιθ., noch mit προαίρ. zu verwechseln. Ἐπιθ. ist das rein tierische Verlangen, das blindlings nach Befriedigung des Instinkts hinstrebt, während βούλησις der vernünftige Wunsch ist, dem die Idee eines an und für sich als gut angesehenen Zieles zu Grunde liegt. (Hiermit ist die Behandlung der βούλησις im vierten Kapitel zu vergleichen; im selben Sinne wird in Buch V die βούλησις selbst des ἀκρατής als auf τὸ ἀγαθόν gerichtet dargestellt.)

Προαίρεσις und βούλησις unterscheiden sich in den folgenden Punkten:

1. προαίρ. bezieht sich auf Dinge, deren Erfüllung in unserer Macht steht, βούλησις dagegen kann sich auf Unmögliches oder doch Unerfüllbares richten. 2. Selbst innerhalb der Sphäre des Ausführbaren befasst sich προαίρ. mit den Mitteln, βούλησις mit dem Zwecke. C. δόξα und προαίρ. bezeichnen verschiedene Begriffe, insofern, als 1. δόξα Unmöglichkeiten betreffen kann, 2. δόξαι von einander als richtig oder falsch, προαιρέσεις als gut oder schlecht unterschieden werden. Ferner ist προαίρ. durchaus nicht dasselbe wie δόξα τις, d. h. ein moralisches Werturteil, da 1. der Vorzug (προαίρ.) des Guten und Schlechten den Charakter bestimmt, eine blosse Meinung dies aber nicht thut. (Unsere Meinung kann aber recht wohl unseren Vorsatz bestimmen, was Aristoteles auch in Kapitel II. 15 anerkennt.) 2. Nicht δόξα, sondern προαίρ. entscheidet was wir wählen, was vermeiden. 3. Wir erwählen, vermittelst der προαίρ., das, was wir als gut erkennen, während δόξα ohne solches genaue Wissen bestehen kann. 4. Richtige Ansichten und richtige Vorsätze stimmen durchaus nicht immer überein.

Da nun alle προαίρεσις (oder Wahl) freiwillig ist, freiwillige Handlung jedoch keineswegs stets eine getroffene Wahl voraussetzt, so besteht Aristoteles zufolge die differentia der προαίρ. in vorheriger Ueberlegung — τὸ προβεβουλευμένον; denn προαίρ. findet μετὰ λόγου καὶ διανοίας statt und hat die Ausübung des Verstandes zur Vorbedingung. Wie Stewart bemerkt, ist „προαίρ. kein unvernünftiger Antrieb wie ἐπιθυμία und θυμός, noch ist sie rein abstrakt (intellectual) wie δόξα, sondern sie gehört der begehrlichen Seite (ὄρεξις) unserer Natur an". Wir können hier Aristoteles später, Kapitel III, 19, gegebene Definition vorgreiflich anführen, die Definition der προαίρ. als βουλευτικὴ ὄρεξις τῶν ἐφ' ἡμῖν, eines überlegten Wunsches nach einem Gegenstande oder Ziele, dessen Erreichung in unserer Macht steht.

Bevor Aristoteles jedoch diese endgiltige Definition erreicht, betrachtet er den nächsten der soeben hergezählten drei Vorgänge, nämlich βούλευσις, welche, wie wir gesehen haben, in προαίρεσις, Wahl oder Vorzug, inbegriffen ist. Βούλευσις ist die Fähigkeit, vermittelst deren wir die verschiedenen zur Erreichung eines gegebenen Zieles geeigneten Mittel prüfen, sie in der Reihenfolge ihrer Wirksamkeit und Brauchbarkeit anordnen und sie dann der προαίρ. zur Auswahl überweisen. Aristoteles erörtert 1. den Gegenstand der Ueberlegung, 2. die Verfahrungsart derselben. In der Bestimmung der ersteren verfährt er, wie üblich, in exclusiver Methode, d. h. er eliminiert vor Allem diejenigen Dinge, mit welchen Ueberlegung nichts zu thun hat. Alle Ursachen, sagt er, lassen sich unter vier Kategorien stellen, nämlich Notwendigkeit, Natur, Zufall und Intelligenz oder menschliche Thätigkeit[1]). Die ersteren drei dieser vier Ursachen können selbstverständlich nicht Gegenstände der Ueberlegung sein: die unabänderliche Notwendigkeit, die Erscheinungen der Natur, die Möglichkeiten des Zufalls, liegen sämtlich, und im gleichen Masse, ausserhalb des Bereiches der überlegenden Vernunft; die diese bestim-

---

[1]) Wir können auf das interessante Thema der aristotelischen Unterscheidung zwischen τὰ ἀΐδια, dem Unvergänglichen und Unveränderlichen, wie z. B. dem Kosmos, und τὰ ἐν κινήσει (anderwärtig E. N. VI. 1. 6. als τὰ ἐνδεχόμενα und τὰ μὴ ἐνδεχόμενα ἄλλως ἔχειν unterschieden) sowie auf seine Lehre vom Zufälligen nur im Vorübergehen hindeuten.

menden Kräfte beherrschen wir nicht, und es ist daher vom praktischen Gesichtspunkte aus nutzlos, Ueberlegung an dieselben zu verwenden. *Βούλευσις* ist daher auf das Veränderliche eingeschränkt, d. h. auf Dinge und Handlungen, welche in das Bereich der menschlichen Intelligenz und Thätigkeit fallen, resp. durch derartige Thätigkeit bewerkstelligt werden können. Aber selbst hier sind noch Unterschiede wahrzunehmen: zur Ueberlegung gehört nicht nur die Erreichbarkeit des Zweckes, sondern 1. dass er von uns erreichbar ($ἐφ’ ἡμῖν$) ist und 2. dass wir an der Erreichung Interesse nehmen und den betreffenden Zweck erreicht zu sehen wünschen: wie denn kein Athener den Erfolg seines Lieblingswettkämpfers „überlegt", da seine Ueberlegung denselben nicht fördern kann. Ferner ist Ueberlegung derjenigen Dinge und Handlungen unangebracht, deren Gesetze bereits durch eine bestehende Kunst oder Wissenschaft festgestellt sind — *περὶ τὰς ἀκριβεῖς καὶ αὐτάρκεις τῶν ἐπιστημῶν* — wie z. B. die Bildung der Buchstaben oder die Schreibart von Worten. Überlegbar sind nur diejenigen durch menschliche Thätigkeit zu bewerkstelligenden Handlungen, welche nicht immer gleichmässig ausfallen, sondern je nach Umständen wechseln; *βούλευσις* hat daher mehr mit Kunst als mit Wissenschaft zu thun, insofern, als die Gesetze der ersteren nicht so scharf bestimmt sind. — Es ist von Interesse zu beobachten, wie genau dieser Gedankengang einer Bemerkung Herbert Spencers (Princ. of Psych., vol. I, p. 499) entspricht, wo sich der letztere folgendermassen äussert: „Gedächtnis, Nachdenken, Gefühl und Wille verschwinden zur selben Zeit und im gleichen Masse, in welchem psychische Vorgänge sich automatisch vollziehen. Das Kind z. B., welches erst gehen lernt, will (d. h. beschliesst) jeden Schritt, bevor es ihn wirklich thut; der Erwachsene dagegen denkt nicht an seine Beine, sondern an seine Bestimmung. So ist es auch mit dem Schreiben und mit allen anderen alltäglichen Vorgängen:" Endlich richtet sich die Ueberlegung nicht auf den Zweck, sondern auf die Mittel zur Erreichung eines Zweckes, den wir bereits als erstrebungswert anerkannt haben; und dies bringt uns zur Verfahrungsmethode der βούλευσις, dem zweiten zu erörternden Punkte. Diese Methode ist die analytische; angenommen, dass ein gewisses Ziel uns als erreichenswert erscheint, so versuchen wir in erster Linie zu entdecken, welcher Schritt oder welche Ursache unmittelbar zu diesem Ziele führen würde; demnächst, welcher Schritt diesen letzteren ermöglicht, u. s. f., bis wir in Verfolgung dieser Spuren zu dem letzten Gliede der Ursachenverkettung, dem πρῶτον αἴτιον, d. h. dem menschlichen Organismus selbst, gelangen; oder vielmehr zu jener Haupttriebfeder des Organismus, dem ἡγούμενον, welches, wie Aristoteles sorgfältig erklärt, eine ἀρχὴ τῶν πράξεων ist — d. h. zu dem Vernunftprinzip oder wie man modern einfach sagen könnte, dem Ich. Sowie wir zu diesem gelangt sind, „beginnen wir zu handeln; der letzte Schritt in der Analyse wird der erste im Thatprozess. Wenn alle Schritte sich als ausführbar erweisen, so wird das, was bisher unbestimmt gewesen war, bestimmt, und an die Stelle der Ueberlegung, βούλευσις, tritt der Vorsatz, προαίρεσις". (Grant.) — Das von Professor Stewart zur Erläuterung dieses Verfahrens angeführte Beispiel ist innerhalb gewisser Grenzen so treffend, und selbst wo es uns unzulänglich scheint, so lehrreich, dass wir nicht umhin können, es zu citieren. „A ist es darum zu thun, eine gewisse Anstellung zu erhalten; zu dieser kann ihm B's Einfluss verhelfen; er muss versuchen, B kennen zu lernen: C kann ihn B vorstellen; wo wohnt C? Er muss im Adressbuch nachsehen; das Adressbuch ist im Klub; er muss zum Klub gehen; er muss eine Droschke dorthin nehmen. In diesem Falle ist „eine Droschke nehmen" das πρῶτον αἴτιον." — Die Unzulänglichkeit dieses Beispieles besteht unserer Meinung nach darin, dass das Bestellen der Droschke noch lange nicht das πρῶτον αἴτιον ist. Stewarts Analyse ist nicht tiefgehend genug; das Individuum, das Ich, welches all diese Handlungen vollzieht, ist offenbar das πρῶτον αἴτιον. Sein Beispiel ist ausgezeichnet bis zu einem gewissen Punkte; in dem, was er auslässt oder übersieht, ist es charakteristisch für die Anschauung der ganzen Schule Greens.

Sir A. Grant bemerkt zu dieser Stelle, dass es enttäuschend ist, dass Aristoteles sich mit der Beantwortung der Frage begnügt, wie ein gegebenes Ziel zu erreichen sei, ohne die weitere Frage aufzuwerfen, ob die Erreichung an und für sich recht oder unrecht ist; und er betrachtet daher die ganze Diskussion als ein interessantes Stück primitiver Psychologie, vom moralphilosophischen Standpunkte aus aber als unbefriedigend. Grant scheint jedoch zu vergessen, dass Aristoteles in diesem Kapitel einfach als Psychologe schreibt und Geistesvorgängen nachforscht, ohne über dieselben moralische Betrachtungen anzustellen; und ferner, dass die βούλευσις, von der doch gerade die Rede ist, sich nur mit den Mitteln, nicht aber mit dem Ende befasst. Ob das Ende ein zu billigendes ist, muss von jedem bereits vorher erwogen und entschieden worden sein — bevor er nämlich zum Stadium der βούλευσις gelangt; ist aber dieser Punkt entschieden, so lässt sich alles Übrige in den moraltheologischen

Gemeinplatz zusammenfassen: licitus est finis, licita etiam sunt media.

In einem Worte, was von der βούλευσις überlegt und von der προαίρ. erwählt wird, ist ein und dasselbe, von verschiedenen Gesichtspunkten und in verschiedenen Stadien betrachtet. Überlegung, die Übersicht praktischer Massregeln, endigt da, wo die Thätigkeit des Individuums beginnt. Wir gelangen also wiederum zu der Definition der προαίρεσις als ὄρεξις βουλευτικὴ τῶν ἐφ' ἡμῖν, des überlegten Wunsches nach einem von uns erreichbaren Ziele.

Wir haben somit nur noch den letzten der drei in der Vollziehung jedes Aktes inbegriffenen Vorgänge zu betrachten, nämlich βούλησις, das Verlangen oder den Wunsch nach dem Gegenstande selbst, auf dessen Erlangung der Akt gerichtet ist. Überlegung und Vorsatz befassen sich, wie wir gesehen haben, mit der Handlung, d. h. mit den Mitteln; das Verlangen dagegen zielt direkt auf das Ende selbst hin. (Diese Ansicht stimmt ganz mit der von Plato im Gorgias, 467 D entwickelten überein: ἐὰν τίς τι πράττῃ ἕνεκα του, οὐ τοῦτο βούλεται ὃ πράττει, ἀλλ' ἐκεῖνο οὗ ἕνεκα πράττει.) Die grosse Frage entsteht nun — woher haben wir unsere Auffassung des Endes überhaupt? Die fernere Frage, ob wir in der Wahl unserer Auffassung frei sind, wird erst im nächsten Kapitel berührt; aber innerhalb des geringen Umfanges des gegenwärtigen (vierten) Kapitels, finden wir eine aufs äusserste kurzgefasste Darstellung und Entscheidung einer grossen historischen Kontroverse, über die sich vieles sagen liesse, wenn es nicht aus anderen Rücksichten ratsam wäre, uns Aristoteles eigene Bündigkeit zum Muster zu nehmen.

Die Kontroverse, um welche es sich hier handelt, bestand zwischen Plato auf der einen Seite und den

Sophisten, wie Gorgias und Protagoras, auf der anderen; der erstere behauptete, dass das Ende worauf sich βούλησις richtet, τὸ ἀγαθόν, die letzteren, dass es τὸ φαινόμενον ἀγαθόν sei. Wir sahen bereits im zweiten Kapitel, dass Aristoteles zwischen ἐπιθυμία und βούλησις eine scharfe Grenzlinie zieht[1]); seiner Darlegung nach ist ἐπιθ. die unvernünftige Begier, βούλησις ein vernünftiges Verlangen. Es fragte sich nun, ist die Vernunftgemässheit der βούλησις eine Garantie für die Beschaffenheit des Gegenstandes der βούλησις, des βουλητόν? Die Zweideutigkeit der griechischen — sowohl mit desideratum als desiderandum übersetzbaren — Form erhöhte die Schwierigkeit des Problems; stimmten die Beiden, so fragten sich die Denker, thatsächlich sowohl wie sprachlich überein? Ist τὸ βουλητόν, qua reales Objekt des Verlangens, ipso facto dasselbe wie τὸ βουλητ(έ)ον, qua ideales Objekt, d. h. τἀγαθόν? Plato hatte dies a priori, und unbequemer Thatsachen ungeachtet, behauptet und verfochten; Gorgias und Protagoras leugneten es absolut, stützten sich auf wahrnehmbare Umstände, und erhoben den Ausspruch πάντων μέτρον ἄνθρωπος zur Losung ihrer Partei.

Aristoteles stellt die Ansichten der streitführenden Schulen, ohne deren seinen Hörern ja ohnehin bekannte Namen zu nennen, wie folgt dar: δοκεῖ δὲ τοῖς μὲν (ἡ βούλ.) τἀγαθὸν εἶναι, τοῖς δὲ τοῦ φαινομένον ἀγαθοῦ. Aristoteles befindet sich hier selbst einigermassen in einem Dilemma; als scharfer Beobachter der Menschen weiss er recht wohl, dass die von Plato vertretene Meinung zum mindesten übertrieben ist, da es häufig

---

[1]) Grants sonderbare Behauptung, das Plato ἐπιθ. von βούλησις unterscheidet, während Aristoteles dies vernachlässigt, entbehrt jeder Begründung.

vorkommt, dass, was sich Einer wünscht, dem Guten diametral entgegengesetzt ist: oder sollen wir vielleicht sagen, dass das Schlechte, was Jemand wünscht, nicht im wahren Sinne Gegenstand des Wunsches ist — μὴ εἶναι βουλητὸν ὃ βούλεται? Anderseits gehört es zu seiner ganzen Weltanschauung, zu glauben, dass der Endzweck und das Streben der Natur sich auf das Gute richten ἐν ἅπασιν ἀεὶ τοῦ βελτίονος ὀρέγεσθαι φαμὲν τὴν φύσιν (de gen. et corr. II. 10) — d. h. dass wenigstens die kosmische βούλησις, der Weltwille, das Gute anstrebt. Ausserdem aber sieht er auch ein, dass die entgegengesetzte Behauptung zu einem durchaus relativen Moralsystem führen muss; und gegen die leichtfertige „πάντων μέτρον ἄνθρωπος" Philosophie, die sein grosser Meister im Theaetetus mit allen Waffen der Rhetorik und Ironie bekämpft hatte, konnte er nur den tiefsten Widerwillen fühlen. Aus dieser ἀπορία findet er einen Ausweg, indem er sich die — der ganzen Schwierigkeit über die beiden Bedeutungen des βουλητόν zugrundeliegende — Frage vorlegt: Giebt es überhaupt ein φύσει βουλητόν, ein natürlich richtiges Objekt des Verlangens? Die Antwort ist — Zweifellos, wenn es ein φύσει ἀγαθόν giebt, was wohl Niemand in Frage zu stellen geneigt sein würde. Genau ebenso wie dieses ἀγαθόν seine Verwirklichung in der ἀρετή, der vollkommenen Natur des Menschen findet, so wird auch der vollkommene Mensch, der σπουδαῖος, an sich selbst darthun, was das wahre oder normale Objekt des Wunsches ist, nämlich was er wünscht und verlangt: in ihm sind desideratum und desiderandum identisch — sein Wille und der Weltwille fallen zusammen; er ist, im weitesten Sinne, seiner Umgebung ideal angepasst. Dergestalt rettet Aristoteles, was an jeder der beiden Lehren das Wahre ist, durch einen weisen

Vergleich: das wirkliche βουλητόν ist τἀγαθόν, für das Individuum aber ist τὸ φαιν. ἀγαθόν = τὸ βουλητόν. (Vgl. E. N. V, IX, 6: οὔτε γὰρ βούλεται οὐθεὶς ὃ μὴ οἴεται εἶναι σπουδαῖον, was mit der hier ausgesprochenen Ansicht genau übereinstimmt.) Der verderblichen Maxime πάντων μέτρον ἄνθρωπος stellt er ἁπάντων μέτρον ὁ σπουδαῖος gegenüber, d. h. der Mensch, der seinen individuellen Willen mit der Natur der Dinge in Gleichklang zu setzen gewusst hat, ebenso wie das normale und gesunde Individuum das Richtmass für das dem Körper Zuträgliche abgiebt. Den Antrieb für den Durchschnittsmenschen bildet das sinnliche Vergnügen, welches für ihn τὸ φαιν. ἀγαθόν ist; die βούλησις des σπουδαῖος aber hat mit τὸ ἡδύ an und für sich nichts zu thun, sondern richtet sich auf das absolut Gute, das zu erkennen seine besondere Gabe und Eigenschaft ist: ἡ μὲν γὰρ ἀρετὴ τὸν σκόπον ποιεῖ ὀρθόν.

Aristoteles beschliesst seine Behandlung dieses ganzen Themas mit der Erörterung der Frage, ob wir in der Begehung tugend- oder lasterhaften Handlungen „frei" seien — wie gesagt, nicht vom metaphysischen Standpunkte aus, sondern in derselben empirischen, sich zurechttastenden Weise, welche für seine Führung dieser Diskussion des Willens charakteristisch ist. Seine Beweise, welche zu einer bedingten Einräumung der menschlichen Freiheit führen, sind daher nicht geeignet, den Determinismus eines Huxley oder Bain zu widerlegen; nichtsdestoweniger aber sind sie voll historischen Interesses, und gerade die Unsicherheit des angeschlagenen Tones macht sie anregender und deshalb wertvoller als eine dogmatische Meinungsabgabe dies hätte sein können. Der Grundton des ganzen Kapitals ist das argumentum ad hominem, welches wir bereits Gelegenheit hatten, als solches zu bezeichnen: „Wir sind völlig bereit, für unsere Tugenden Lob hinzunehmen, und können uns daher der Verantwortlickeit für unsere Fehltritte nicht entziehen." So wirksam auch eine solche Schlussfolgerung gegen seine unmittelbaren Gegner, die Platoniker, sein mochte, welche der Meinung zuneigten, dass das Laster nur Unwissenheit und als solche unfreiwillig sei, so wenig würde sie gegen die streng deterministische Anschauung vermögen, welche den Gesetzgeber, den Verbrecher, sein Opfer, und den Richter sämtlich als unter einem allumfassenden Gesetze der Notwendigkeit handelnd sich vorstellt und in jedem Einen nur ein Glied einer unendlichen Kette sieht. — Wir müssen jedoch nun zu einer eingehenderen Schilderung seiner Beweise schreiten:

1. Aristoteles behauptet, dass, da die als Mittel zu einem erwünschten Zweck nach voller Überlegung begangenen Einzelakte freiwillig vollzogen werden, ἀρετή aber gerade in der Vollziehung solcher Akte sich erweist, daraus folgt, dass Tugend und Laster „frei" wählbar sind. In allen Fällen, wo uns eine Alternative geboten ist, stehen die beiden einschlagbaren Wege in einem korrelativen Verhältnis zu einander; wenn es uns also freisteht, den einen zu verfolgen, so steht uns die Verfolgung des anderen ebenso frei — und zwar ist einer von den beiden der richtige Weg. Thatsächlich nun sind wir immer der Meinung, dass die Einschlagung des rechten Weges uns freisteht, denn wenn wir ihn erwählen, so spenden wir unserer Handlungsweise Beifall; wenn wir also den falschen Weg einschlagen, so müssen wir dieselbe Freiheit annehmen, denn ἐν οἷς ἐφ' ἡμῖν τὸ πράττειν, καὶ τὸ μὴ πράττειν. Dies ist eine kurzgefasste Darstellung einer Lehre, welche ausführlicher in Met. VIII, 11, 2

auseinandergesetzt wird; dort nämlich zeigt Aristoteles, dass jede ψυχικὴ δύναμις eine δύναμις τῶν ἐναντίων ist, welche keineswegs von rein äusserlichen oder physischen Umständen bestimmt wird, sondern deren Erwerbung durchaus vom Individuum abhängt.

2. In letzter Linie ist es unmöglich, menschliche Handlungen irgend einer Endursache ausser — wenn eine so moderne Wiedergebung eines aristotelischen Gedankens erlaubt ist — dem menschlichen Ich zuzuschreiben; denn der Mensch ist eine ἀρχὴ καὶ γεννητὴς τῶν πράξεων ὥσπερ καὶ τέκνων. Grant muss zugeben, dass die letztere Analogie der menschlichen Freiheit nicht in dem Masse zugute kommt, wie es wohl Aristoteles beabsichtigte. Denn, wie Grant sagt, der Vater ererbt oder erhält von Natur gewisse Eigenschaften, welche er auf seine Kinder überträgt; analogerweise könnte der Wille als von Umständen bestimmt, eher als dieselben bestimmend, angesehen werden.

3. Alle Gesetzgebung beruht auf dem Glauben, dass der Mensch frei und seiner Handlungen Meister ist. Es würde Niemandem einfallen, z. B. Hunger oder Kälte gesetzlich zu verbieten; οὐδὲν γὰρ ἧττον πεισόμεθα αὐτά. Dass dagegen das Stehlen gesetzlich verboten ist, beweist, dass in der Meinung Aller der Mensch sich des Diebstahls enthalten kann, wenn er will. — Was die Strafgesetzgebung wirklich beweist, ist, wie wir später ausführlicher nachweisen werden, dass der Mensch durch bestehende oder zu erschaffende Beweggründe gelenkt werden kann. Ein plausiblerer Beweis für die Freiheit, den jedoch Aristoteles unberührt lässt, ist, dass der Übelthäter selbst die Ansicht des Gesetzes, welches ihn als ἀρχὴ τῶν πράξεων ansicht, teilt und

wohl seine That, nicht aber seine Verantwortlichkeit für dieselbe, leugnet. Auf diesen Punkt werden wir in einer ferneren Abteilung gelegentlich der Untersuchung der Entstehung des Verantwortlichkeitssinnes zurückkommen.

4. Es könnte vielleicht eingewendet werden, dass die Handlungen eines Menschen das Ergebnis seines Charakters sind — ὅπως τοιοῦτός ἐστι ὥστε μὴ ἐπιμελη-θῆναι — und dass er daher nicht als frei betrachtet werden kann. Aristoteles entgegnet, dass dies die absolute Umkehrung des Verhältnisses von Handlung zu Charakter ist: die ἕξις eines Menschen ist das Resultat einer Reihenfolge von Handlungen einer gewissen Art. Der ἄδικος wird ein solcher ἐκ τοῦ ἀδικεῖν, der Trunkenbold usw. macht sich zu dem was er ist ἐν πότοις καὶ τοιούτοις διάγων — wie denn auch die sprichwörtliche Redensart besagt, „à force de forger on devient forgeron", oder in Aristoteles bündiger Ausdrucksweise αἱ περὶ ἕκαστα ἐνέργειαι τοιούτους ποιοῦσιν. In dieser Hinsicht könnten selbst körperliche Leiden und Hässlichkeiten dem moralischen Tadel verfallen, wenn sie nämlich das natürliche Resultat eines ausschweifenden Lebenswandels sind. Dass — um auf moralische ἕξεις zurückzukommen — der ἀδικῶν nicht wünscht ein ἄδικος zu werden, dass er ἀδικία nicht bewusstermassen zu seinem Ideal erwählt, macht keinen Unterschied; ebensowenig wie er jetzt, ob er dies auch wünschen mag, ἄδικος ὢν παύσεται καὶ ἔσται δίκαιος. Die Thatsache bleibt die, dass er mit Vorbedacht Handlungen begangen hat, welche nur zu einem Ergebnis führen konnten, und er ist daher als ἑκὼν ἄδικος zu bezeichnen. Wie Aristoteles in E. N. VII, III in Vorahnung Kants beweist, besteht moralisch gute Handlungsweise gerade darin, dass die einzelne

Handlung von universellen Rücksichtnahmen geleitet wird; Irrtum und Laster dagegen darin, dass die Universalidee, die Auffassung vom allgemein Guten und Erstrebenswerten, von selbstsüchtigen Motiven verdrängt wird. Gerade dies haben der ἄδικος und ἀκόλαστος zugelassen, und ihr Charakter entschuldigt sie daher nicht nur nicht, sondern er verurteilt sie.

5. § 17 beginnt eine höchst komplizierte Beweisführung, welche vorsichtige und sogar erweiterte Wiedergabe erfordert, da, wie Stewart sehr wohl bemerkt, die Bewegungen eines ganzen Dialoges in diese verwickelte Stelle zusammengedrängt sind. Wir bemerkten bereits oben, dass die Diskussion der wesentlichsten Frage — ob nämlich der Mensch in der Wahl seiner Auffassung des Zieles frei sei — von Aristoteles auf späterhin verschoben wird; wir sind nun an dem Punkte angelangt, wo er dieses Thema wieder aufnimmt. Im vorigen Kapitel sahen wir, dass was das Individuum wünscht oder bezweckt, das φαινόμενον ἀγαθόν ist, welches mit dem ἀληθῶς ἀγαθόν übereinstimmen oder nicht übereinstimmen mag; wie aber steht die Sache, wenn er τῆς φαντασίας οὐ κύριος ist, d. h. nicht die Fähigkeit besitzt, zu bestimmen, welche Form sein ἀγαθόν anzunehmen hat? Jedermann wünscht sein Leben so „gut" wie möglich zu gestalten; aber seine Auslegung des Guten hängt möglicherweise weniger von ihm selbst, als von seiner Erziehung, von Jugendeindrücken und sonstigen Umständen ab. Da nun das τέλος auf den ganzen Lebensgang massgebend einwirkt — ὁρίζεται γὰρ ἕκαστον τῷ τέλει (E. N. III. VII. 6), so ergiebt sich der Schluss, dass, wenn das τέλος eines Menschen von äusseren Umständen beeinflusst wird, er für solche Handlungen, zu deren Begehung eben

diese Auffassung des τέλος den Antrieb bildet, nicht als verantwortlich angesehen werden kann[1]).

Aristoteles Antwort hierauf besteht in einem doppelten Dilemma:

a) Wenn das Individuum an seinem eigenen Charakter Schuld hat, d. h. dessen Ursache ist, so ist er auch die Ursache seiner φαντασία τοῦ τέλους, und daher verantwortlich für alle Handlungen, zu welchen ihn seine Auffassung des τέλος bewegt.

b) Ist er dagegen nicht αἴτιος τῆς φαντ., so kann Niemand als verantwortlich für Missethaten gelten,

---

[1]) Diese Idee, deren Weiterführung zeigt, dass, wenn das τέλος nicht αὐθαίρετον ist, Rechtschaffenheit sich einfach als εὐφυΐα erweist, für die ihr Besitzer wohl glücklich gepriesen, nicht aber gelobt werden kann, verdient besondere Beachtung; denn sie enthält im Keime die Widerlegung der „intuitiven" Schule, derzufolge wir mit voller Erkenntnis des moralisch Guten und Verwerflichen ausgerüstet auf die Welt kommen. Diese Ansicht findet sich oft, z. B. bei Martineau, im Verein mit der Behauptung einer fast absoluten Willensfreiheit, obwohl die eine die andere wonicht ausschliesst, so doch einschränkt; denn eine solche unmittelbare, θείᾳ μοίρᾳ erteilte, Erkenntnis des Rechten wäre doch im Grunde nichts Anderes als ein τέλος οὐκ αὐθαίρ., und daher mit unumschränktem freien Willen unvereinbar. Wenn die Selbstopfer eines Helden oder Reformators nur dem zuzuschreiben sind, was A. R. Wallace „spiritual influx" nennt, so können wir in ihm offenbar nur ein Werkzeug des göttlichen Willens erblicken — vgl. Aristoteles Beschreibung des Sklaven als ἔμψυχον ὄργανον — und müssen unsere Dankbarkeit oder Bewunderung dem letzteren allein widmen; nur wenn seine Handlungen das Ergebnis seines eigenen Charakters sind, nur wenn seine ὄρεξις τοῦ τέλους wirklich αὐθαίρετος ist, nur insofern er selbst sein Motiv ist und schafft, kann er auf Lob oder Huldigung Anspruch erheben.

denn nach dieser Hypothese erweist sich Unrechtthun einfach als Folge der Unwissenheit, während Kenntnis des Rechten glücklicher Zufall oder natürliche Begabung ist. Wenn aber dermassen τὸ τέλος φύσει ἢ ὁπωσδήποτε φαίνεται καὶ κεῖται, so kann weder Tugend noch Laster als freiwillig gelten, und von dieser Folgerung weicht Aristoteles zurück, da die Einräumung derselben in seiner Meinung alle Grundsätze der Gesetzgebung aufheben würde. Er sieht sich daher zu einer von zwei Alternativen getrieben:

α) Entweder sind, obwohl das Ziel ein vorgezeichnetes ist, die Mittel frei und in der Wahl derselben besteht die für moralische Akte erforderliche Freiheit. — Diese Art Freiheit ist allerdings mehr scheinbar als wirklich befriedigend; denn die einzelnen Schritte, vermittelst deren man ein vorgestecktes Grenzmal erreicht, sind kaum von Wichtigkeit, die in der Wahl derselben zur Geltung gelangende Freiheit vielmehr recht eigentlich illusorisch. Im Grunde genommen ist dies sogar der reine Fatalismus — das Ziel ist dasselbe und unvermeidlich, was wir auch thun oder beschliessen mögen.

β) Oder, obwohl das Ende teilweise vorbestimmt ist, ist es doch teilweise frei, insofern wir „Mitursachen unserer Charaktere sind, und durch unsere eigene Beschaffenheit auf unseren Begriff des τέλος mitwirkenden Einfluss ausüben". — Zu demselben Endergebnis dürfte vielleicht eine neuere Kritik der Lehre von der menschlichen Freiheit führen, soweit uns die philosophische Forschung berechtigt, im Menschen etwas mehr als das Resultat äusserer Einflüsse und ererbter Eigenschaften zu erblicken, nämlich ein unantastbares Ich, welches der Selbsterkenntnis, der Selbstbestimmung und sogar innerhalb gewisser Grenzen des Sieges über

solch äusserliche Einflüsse fähig ist, wo es sich um
die Erreichung eines Zieles seiner eigenen Wahl
handelt. — Mit dieser Andeutung β), denn nur als
solche können wir sie bezeichnen, gelangt Aristoteles
Behandlung des Willens zum Schluss.

Mehrere Bemerkungen müssen hier ihren Platz
finden, bevor auch wir diese erste Abteilung der vorliegenden Arbeit zum Abschluss bringen. — 1. Die
erste bezieht sich auf eine von Stewart in seinem
Kommentar zur Ethik des Aristoteles in Verfechtung
der der Greenschen Schule eigentümlichen Freiheitstheorie gemachten Behauptung. Stewart behauptet,
dass selbst wenn das τέλος φύσει bestimmt ist, diese
φύσις oder natürliche Neigung „nichtsdestoweniger des
Menschen eigene φύσις, sein eigener Charakter, kurz
und gut, er selbst ist — das konkrete Individuum,
welches aus Elementen, die es von seinen Vorfahren
ererbt hat, und aus anderen, welche es während seiner
eigenen Lebensdauer in sich aufgenommen hat, besteht, und dass folglich, selbst wenn wir zugeben, dass
das τέλος durch φύσις bestimmt ist, dies auf ein und
dasselbe hinauskommt, als wenn wir sagten, dass das
τέλος von ihm, d. h. dem Menschen selbst, bestimmt
wird — nicht aber für ihn, oder gegen seinen Willen,
oder von einer äusseren Macht. Die biologischen
Antecedentien des Individuums sind nicht äusserlicher
Natur, sondern sind in ihm zusammengefasst. Der
von Aristoteles hier angenommene Gegner macht denselben Irrtum, wie soviele heutige Disputanten, welche
biologische Antecedentien veräusserlichern". — Es ist
sonderbar, dass Stewart die ziemlich naheliegende
Antwort auf diese Bemerkung nicht vorhersah. Stewart ruft — natürlich unbewussterweise — einen

falschen Eindruck dadurch hervor, dass er das ganze Gewicht auf Worte wie „äusserlich", „veräusserlichern" usw. legt. Zugegeben, dass die biologischen und sonstigen Antecedentien des Individuums nicht äusserlicher Natur sind — ist dann das τέλος, welches φύσει determiniert ist, weniger „bestimmt", weil es von innen und nicht von aussen bestimmt ist? Oder ist das Individuum etwa mehr frei, weil es seine eigene φύσις, — d. h. seine eigenen ererbten oder angewöhnten Eigenschaften, über die er nun keine Gewalt mehr hat — und keine äussere Macht ist, die ihm sein τέλος, und damit seine Handlungsweise, vorzeichnet? Und welche Art von Freiheit (im Unterschiede von automatischer Spontaneität) ist der Mensch imstande an den Tag zu legen, wenn er, in der durch T. H. Green berühmt gewordenen Phrase, sein Motiv, oder die Summe seiner Motive, ist? Spontaneität aber, wie Martineau sehr richtig bemerkt, „ist kein legitimer Gegenstand moralischer Wertschätzung; eine Kraft an und für sich ist überhaupt kein moralischer Begriff, ob sie nun auf den Organismus von innen oder von aussen einwirkt". — Kurz und gut, wirkliche Freiheit ist, abgesehen von einem metaphysischen Ich, undenkbar; und gerade weil Aristoteles und sein neuester englischer Kommentator dies letztere nicht, oder nur unvollkommen anerkennen, gelingt es ihnen nicht, eine befriedigende Theorie des Willens aufzustellen.

2. Unsere zweite Bemerkung betrifft Aristoteles beinahe kategorische Verneinung der Möglichkeit einer auf Reue folgenden moralischen Besserung, — einer Möglichkeit, welche von modernen Verteidigern der Willensfreiheit oft als ein Beweis für die Richtigkeit ihrer Ansicht angeführt wird. Aristoteles behauptet in etwas harten, aber anscheinend nicht ungerecht-

fertigten Worten, dass ein kranker Mann, der sein
Siechtum durch Ausschweifungen verursacht hat, ἑκὼν
νοσεῖ, dass er die Verantwortlichkeit für sein Leiden
selbst trägt, und ihm der Wunsch wieder gesund zu
werden nicht zur Genesung verhelfen kann. Der
einmal begangene Fehltritt ist so wenig ungeschehen
zu machen, als der Stein, der die Hand des Werfenden
verlassen hat, wieder zurückgerufen werden kann —
der Thäter muss einfach die Folgen tragen. Aristoteles
unterscheidet daher zwischen Freiheit im Akte und
in der Bildung des Charakters; jede einzelne That
geschieht durchaus freiwillig, denn der Mensch πράττει
ἑκών; unsere Charaktere aber werden von uns nur
anfangs bestimmt, καθ' ἕκαστα δὲ ἡ πρόσθεσις οὐ γνώ-
ριμος. Für den endgültigen Zustand unseres Charakters
jedoch müssen wir nichtsdestoweniger die volle Verantwortlichkeit tragen; denn unsere eigenen Handlungen brachten diesen auf die abschüssige Bahn, und
dass wir dann kein wirksames Haltsignal geben
konnten, mag bedauerlich sein, ist aber keine Entschuldigung.

Hierauf ist zu erwidern, dass Aristoteles die
Analogie zwischen Körper- und Geistes- oder Gemüts-
zuständen wohl weiter treibt, als zulässig. Wir können
die Macht der Gewohnheit voll und ganz einräumen,
ohne deshalb die Möglichkeit einer Umkehr von
lasterhaften, oder einer Abweichung von tugendhaften
Pfaden in Abrede zu stellen. Solange es möglich ist
Motive zur Geltung zu bringen, welche das Individuum
in eine andere als die bisher verfolgte Richtung
treiben, so lange ist auch die Möglichkeit seiner Er-
rettung vom moralischen Untergange — oder Herein-
reissung in denselben — nicht ausgeschlossen. Hätte
sich Aristoteles hier an die von ihm anderwärts ge-

machte und bereits erwähnte Unterscheidung zwischen körperlichen und geistigen δυνάμεις erinnert — eine Unterscheidung, welche darin besteht, dass eine ψυχικὴ δύναμις eine δύναμις τῶν ἐναντίων ist — so hätte er es vermeiden können einen Vergleich zu ziehen, der vom Standpunkte der praktischen Moral unnötigerweise entmutigend ist und von dem der Erfahrung mit den Thatsachen nicht übereinstimmt.

3. Eine unvermeidliche und immer wieder von Neuem aufgeworfene Frage, welche unsere Aufmerksamkeit erheischt, ist die, zu den Anhängern welcher philosophischen Partei — die Lehre vom Willen betreffend — wir Aristoteles selbst zu zählen haben. Können wir ihn unter die Verfechter des „freien Willens" setzen, oder begünstigen die von ihm ausgesprochen Ansichten im Ganzen die deterministische Auffassung? Es ist nicht zu verwundern, dass eine solche Frage Interesse hervorruft — ebenso wenig wie dass Anhänger beider Meinungen versucht haben zu beweisen, dass es die ihrige ist, welche Aristoteles vertritt; denn abgesehen von allem anderen, ist es immer angenehm, zur Bekräftigung unserer eigenen Anschauungen einen grossen Namen anrufen zu können. (So beruft sich z. B. A. J. Balfour in seinem Werke „The Foundations of Belief" (p. 341) auf die Autorität Kants, obwohl er uns im selben Atemzuge seiner gründlichen Verurteilung der „metaphysischen Maschinerie" versichert, vermittelst deren Kant zu eben dem von ihm (d. h. Balfour) für richtig befundenen Resultate gelangt!)

So verzeihlich es aber auch sein mag, unsere eigenen Meinungen in denen der grossen Denker aller Zeiten abgespiegelt oder vorgeahnt zu erblicken, so grundlos erweist sich doch eine solche Annahme gerade im vorliegenden Falle. Zu einer dogmatischen oder irgendwie zuversichtlichen Erklärung über diesen Punkt berechtigt uns der Text, unserer Ansicht nach, keineswegs; wir haben im günstigsten Falle nur mit Andeutungen zu thun und aus dieser wird dann ein Jeder die ihm annehmbarsten Schlüsse ziehen.

Dass wir in diesen Kapiteln keine streng philosophische Lehre der menschlichen Freiheit erblicken können, geht schon daraus hervor, dass zur Aufstellung einer solchen Lehre, wie wir bereits so oft hervorgehoben haben, eine definitiv metaphysische Auffassung der menschlichen Persönlichkeit die unerlässliche Vorbedingung bildet; nach einer derartigen Auffassung aber werden wir uns in der Ethik vergeblich umsehen. Das Höchste, was billigerweise zugestanden werden kann, ist, dass Aristoteles die Freiheit des Individuums einfach als handgreifliche Thatsache voraussetzt — eine Thatsache, die für praktische Zwecke so wenig angezweifelt werden kann, als die objektive Existenz einer materiellen Welt — und deren Voraussetzung für den Gesetzgeber Notwendigkeit ist, insofern nämlich, als es, wie Sidgwick sagt, „dem moralischen Gefühle der Menschheit widerstrebt, da zu belohnen oder zu bestrafen, wo kein Verdienst oder Verschulden vorliegt". Sidgwick nennt dies die „natürliche" (richtiger vielleicht, die nicht reflektierende) Ansicht und spricht ferner von der Annahme der Willensfreiheit als dem „verborgenen Punkte (pivot), um welchen sich all unsere moralischen Auffassungen drehen"; worauf sich erwidern liesse, dass wenigstens in der nikomachischen Ethik dieser Punkt weniger an der Oberfläche liegt, und „verborgener" ist, als Philosophen wie Sir Alexander Grant dies zuzugeben geneigt scheinen.

Wie wenig Aristoteles in seiner Behandlung des
Problems von tieferen philosophischen Gründen geleitet
wird, haben wir uns bemüht, in den vorstehenden
Zeilen nachzuweisen; einmal um das andere, wenn er
in die Enge getrieben wird, glaubt er die Schwierigkeit
mit der einfachen Bemerkung zu überwinden, dass
die Einräumung dieses oder jenes Punktes alle freiwillige Handlungsweise ausschliessen würde; oder er
bemerkt, dass, da wir uns für unsere guten Handlungen
Verdienste beimessen, wir die Verantwortlichkeit für
unsere Fehltritte eben auch nicht von unseren Schultern
wälzen können. Dem Gesichtspunkte der modernen
Anhänger der Lehre vom freien Willen, wie Martineau, tritt er am Nächsten, wenn er auf die Behauptung, dass unter äusserlichem Antrieb begangene
Handlungen unfreiwillig seien, mit zweifelhafter Richtigkeit erwidert, dass das Motiv eigentlich stets subjektiv
ist, indem uns unsere eigene Empfänglichkeit $αἰθηράτους$
$ὑπὸ τῶν τοιούτων$ macht. (Aristoteles ursprünglicher Standpunkt ist ganz klar, er führt ihn nur nicht konsequent
genug durch. Er nennt eine Handlung unfreiwillig, in
welcher $ἡ ἀρχὴ ἔξωθεν, μηδὲν συμβαλλομένου τοῦ πράτ-
τοντος$. Abgesehen aber von rein physischer Zwangs-
anwendung sind solche Handlungen unmöglich; der
$πράττων$ trägt immer etwas zu jeder Handlung bei,
aber keine Handlung ist denkbar, zu der er Alles
beitrüge — in der, um Aristoteles Ausdrucksweise
nachzuahmen, $ἡ ἀρχὴ πάντως ἐν αὐτῷ, μηδὲν συμβαλλο-
μένου τοῦ κόσμου$. In diesem Sinne sind aber alle
Handlungen, mit sehr geringen Ausnahmen, streng
genommen, $μικταί$, insofern, als in allen äusserliche
und innerliche, objektive und subjektive Beweggründe
in variierenden Verhältnissen eine Rolle spielen.)

Die andere Stelle, welche gewöhnlich angeführt wird, um Aristoteles zum Libertarier zu stempeln — wo er nämlich von Menschen als einer[1] ἀρχή τῶν πράξεων spricht — ist zwar nicht ohne Bedeutung, aber doch weit weniger zu Gunsten des freien Willens entscheidend, als dies zuerst erscheinen mag. Selbst Grant bemerkt bedauernd, dass der Text uns keinen weiteren Anhalt darbietet, aus welchem zu ersehen wäre, wie oder in welchem Sinne das Individuum eine ἀρχή ist, und Stewarts Kommentar zu dieser Stelle sucht uns zu überzeugen, dass Aristoteles Anschauung des Menschen als einer ἀρχή uns durchaus nicht zwingt, in ihm einen Verfechter der Freiheit des Willens im orthodoxen Sinne zu erblicken.

„Es handelt sich", sagt Stewart, „einfach um Verantwortlichkeit; dieser Ausdruck aber hat nur dann Sinn, wenn er sich auf die unmittelbare Ursache einer Handlung bezieht, d. h. auf das konkrete Individuum, welches die Handlung begeht. „Verantwortlich" ist das Individuum für Handlungen, welche seinen Charakter zur unmittelbaren Ursache haben; „frei" aber ist eine Handlung, wenn sie unmittelbar von einem Charakter verursacht wird — d. h. einem Charakter, welcher wie jeder andere Organismus seine Funktionen innerhalb einer bestimmten Umgebung und nicht in vacuo vollzieht. In einem Worte, nur insofern das Individuum von Umständen betroffen oder beeinflusst wird, kann es Handlungen vollziehen und für dieselben verantwortlich, d. h. für deren Folgen haftbar werden. Dies ist die aristotelische Freiheitstheorie, ... die genealogischen und sonstigen Antecedentien des Indi-

---

[1] Wir heben mit Absicht den unbestimmten Artikel hervor.

viduums können nicht mit Verantwortlichkeit belastet werden." — Dies ist zweifellos ein sehr scharfsinniger Versuch, die Lehre des Aristoteles mit der der neueren Idealisten in Einklang zu bringen, welche unsere Handlungen als „frei" in dem Sinne darstellt, dass sie von einem Charakter verursacht werden, welcher einfach die Summe seiner eigenen Motive ist; die Behauptung aber, dass dies „die aristotelische Freiheitstheorie" ist, erscheint uns eine gewagte. Unser Eindruck ist vielmehr, dass Aristoteles ganze Behandlung dieser Frage viel zu unsicher, ja elementar ist, um uns zu einer solchen subtilen Auslegung, wie sie Stewart vorschlägt, zu berechtigen — ganz abgesehen von der Richtigkeit von Stewarts eigener Philosophie. Aristoteles lässt das Problem, in welchem Sinne der Mensch eine ἀρχή τῶν πράξεων ist, unerörtert — nicht weil er eine sorgsam durchdachte Theorie über diesen Punkt in petto hat, sondern weil er sie eben nicht hat, weil infolge seines von Grant zugestandenen Mangels an einer definitiven Lehre über die menschliche Persönlichkeit seine Auffassung des Problems notwendigerweise nur eine unbestimmte sein kann.

Der letzte Punkt, welchen wir in dieser Abteilung berühren können, ist Aristoteles Stellungnahme zu der Frage, ob der Mensch in der Wahl seiner Auffassung des Zieles frei sei. Wie wir aber bereits gesehen haben, lässt sich auch aus der von ihm hierauf erteilten Antwort kein Schluss ziehen, der die Anhänger der einen oder der anderen Partei berechtigen würde, ihn als einen der ihrigen anzusehen; denn er will weder zugeben, dass das Ziel absolut von äusseren Einflüssen abhängig und uns vorgezeichnet ist, noch ist es für ihn möglich, dass τέλος als gänzlich αὐθαίρετον, d. h von derartigen Einflüssen unabhängig anzusehen. Seine schliessliche Entscheidung ist vielleicht, sowohl vom praktischen als vom metaphysischen Gesichtspunkte aus, die befriedigendste zu der er hätte kommen können; er erklärt nämlich, dass wir in einem gewissen Sinne (πως), auf den er nicht näher eingeht, συναίτιοι τῶν ἕξεων, teilweise für unsern Charakter verantwortlich sind und durch unseren Charakter unserer Auffassung des Zieles eine gewisse Tendenz verleihen. Dies ist weder absoluter Determinismus, noch verirrt es sich in die Richtung jener ausschweifenden Freiheitsphilosophie, welche dem Menschen eine beinahe unbegrenzte Macht in der Bestimmung seiner Handlungen und seines Charakters zuschreibt und daher nur zu geneigt ist, die Fehltritte derjenigen, deren Versuchungen ihre Kräfte übersteigen, mit unerbittlicher Strenge zu verurteilen.

II.
Das Willensproblem in der neueren englischen Philosophie.

Nachdem wir in den vorstehenden Zeilen die Lehre vom Willen in der nikomachischen Ethik einer Übersicht unterzogen haben, können wir jetzt an den Hauptteil unserer Arbeit gehen und die wichtigsten mit dem Willensproblem verbundenen Fragen, unter besonderer Berücksichtigung ihrer Behandlung in der neueren englischen Philosophie besprechen.

§ 1.
Das Willensproblem und die Verantwortlichkeitsidee.

Es ist eine der gewöhnlichsten Behauptungen, denen man in diesem Zusammenhang begegnet, dass die Idee der Verantwortlichkeit mit der Annahme der

Willensfreiheit aufs Engste verknüpft ist. Wie können wir, so fragen die Vertreter dieser Ansicht, irgend Jemanden als für seine Akte verantwortlich betrachten, wenn dieselben ex hypothesi die einzigen sind, die er begehen konnte? Oder wie können wir vernünftigerweise seiner Aufführung Lob oder Tadel spenden, wenn es ihm nicht freisteht, anders vorzugehen, als er es eben thut? Und ferner, fühlen wir uns nicht selbst verantwortlich für unsere Thaten, sind wir uns nicht bewusst, dass wir sie hätten unterlassen oder an ihrer Stelle hätten andere begehen können? So plausibel jedoch solche und ähnliche Fragen klingen, so sind sie doch weniger unwiderlegbar als häufig angenommen wird; denn wie selbst Sidgwick zugiebt, kann „der Determinist allen wesentlichen Begriffen der Ethik klare Auslegungen geben und die Berechtigung moralischer Werturteile (von seinem Standpunkte aus) nachweisen". Und im vorliegenden Falle haben wir bereits eine solche „klare Auslegung" kennen gelernt, nämlich die von Stewart gebotene, welche im Grunde genommen durchaus deterministisch ist. Der Ausdruck „Verantwortlichkeit", sagt Stewart, „hat nur dann Sinn, wenn er sich auf die unmittelbare Ursache einer Handlung bezieht, d. h. auf das konkrete Individuum, welches die Handlung begeht; 'verantwortlich' ist das Individuum für Handlungen, welche seinen Charakter zur unmittelbaren Ursache haben; 'frei' aber ist eine Handlung, wenn sie unmittelbar von einem Individuum verursacht wird ... In einem Worte, nur insofern das Individuum von bestimmten Umständen betroffen oder beeinflusst wird, kann es Handlungen vollziehen und für dieselben verantwortlich, d. h. für deren Folgen haftbar werden." Ob wir uns mit dieser Theorie völlig einig erklären oder nicht, sie kann jedenfalls Anspruch erheben, die erste der uns gestellten Fragen hinlänglich zu beantworten; kausale Verantwortlichkeit ist einem Organismus zumessbar, welcher auf seine Umgebung gewisse Wirkungen ausübt; und ist dieser Organismus (z. B. der menschliche) derart, dass er selbst von den Folgen der von ihm ausgeübten Thätigkeit betroffen werden kann, so wird er selbstverständlich für dieselben haftbar gemacht werden.

Unsere zweite Frage, die Berechtigung der Lobes- oder Tadelsspendung betreffend, falls der Gegenstand derselben nicht frei ist, beruht auf einer etwas vagen Auffassung der Freiheit des Willens, oder besser gesagt, auf einer Verwechslung zwischen Freiheit und Unbestimmbarkeit. Der Determinist könnte entgegnen, dass der Wille in gewissem Sinne Freiheit besitzt, nämlich die Freiheit, von Motiven bestimmt zu werden, und dass nur unter dieser Annahme Lob oder Tadel vernünftigerweise zu rechtfertigen ist. Ihm zufolge ist der einzig denkbare Grund für die Kundgebung unserer billigenden oder misbilligenden Gefühle gerade der, dass wir vermittelst derselben gewisse Wirkungen ausüben, d. h. die Handlungsweise Anderer bestimmen oder modifizieren; ja sogar die Voraussicht des Lobes oder Tadels unserer Mitmenschen ist ein mächtiger Beweggrund. Die Frage „Warum A loben oder tadeln, wenn A nicht frei ist?" verwechselt den Determinismus mit dem Fatalismus, denn sie legt dem ersteren anscheinend die Annahme unter, dass A's Handlungen definitiv prädestiniert sind, wie sehr wir uns auch bemühen mögen, sie zu modifizieren oder abzuwenden. Gerade auf den entgegengesetzten Glauben gründet sich, wie sowohl Mill als Sidgwick nachweisen, jede Hoffnung auf die Erziehbarkeit des Menschengeschlechtes, nämlich auf den Glauben an die Möglichkeit, die

Menschen durch angemessene Motive nach der gewünschten Richtung hin zu beeinflussen.

Dass sowohl die Entstehung als das Wesen der Verantwortlichkeit vom deterministischen Standpunkte aus erklärlich ist, hat J. S. Mill in seiner „Kritik der Philosophie Sir W. Hamiltons" aufs Überzeugendste bewiesen. Das Verantwortlichkeitsgefühl ist, wie er bemerkt, zweifacher Art und besteht erstens in der Erwartung der (strafenden) Vergeltung — oder einfacher, der Folgen unserer Handlungsweise — und zweitens in dem Bewusstsein, solche Folgen zu verdienen. Diese erstere aber lässt sich der Erziehung und unserer eigenen Erfahrung zuschreiben und beweist nicht sowohl die Freiheit im üblichen Sinne des Wortes, als die Möglichkeit, die Handlungen der Menschen durch Motive zu regulieren, unter denen eben diese Erwartung oder Voraussicht wahrscheinlicher Folgen einen hervorragenden Platz einnimmt. Ganz abgesehen vom Determinismus ist es eine Thatsache, dass wer eine Neigung zum Unrecht[1]) bei sich duldet oder begünstigt, sich dadurch der Sympathie seiner Mitmenschen verlustig macht; und dass, wenn die letzteren seiner Neigung gewahr werden, er der Gegenstand ihrer thätigen Misbilligung wird. Diese „thätige Misbilligung" giebt sich in erster Linie dadurch kund, dass der Gegenstand derselben zur Rechenschaft gezogen wird; und wie sehr die praktische Gewissheit einer solchen Zurechenschaftsziehung mit dem Gefühle der Zurechnungsfähigkeit verknüpft ist, ergiebt sich

---

[1]) Z. B. die Neigung, in die Rechte Anderer einzugreifen, ihnen Verdruss oder Leiden zu verursachen, ihr Eigentum zu verletzen usw. — Akte, welche auch der Determinist als „unrecht" oder gesellschaftsfeindlich bezeichnen würde.

daraus, dass, wo diese Erwartung nicht existiert, oder in Fällen, wo es vorauszusehen ist, dass der Thäter straflos ausgehen wird, wir uns auch nach dem Gefühle der Verantwortlichkeit vergebens umsehen werden. Sowohl bei Individuen als bei ganzen Völkerstämmen oder Kasten, welche infolge ihres herrschaftlichen Verhältnisses zu anderen Individuen oder Stämmen keine strafende Vergeltung zu befürchten haben, ist dieses Gefühl notorisch unentwickelt; und in keinem Falle kann es nachgewiesen werden, dass das Gefühl der Verantwortlichkeit in der psychologischen Entwicklungsfolge jeder Erfahrung der Zurrechenschaftsziehung vorhergeht.

Hiermit soll nun natürlich durchaus nicht gesagt sein, dass in jedem Falle, wo wir uns verantwortlich fühlen, wir uns direkt oder selbst indirekt einer Furcht vor den Konsequenzen der Pflichtverletzung bewusst sind. Im Gegenteil pflegt das Bewusstsein des niederen Ursprunges vieler unserer Gefühle uns frühzeitig zu verlassen, sodass wir uns nur mit Schwierigkeit davon überzeugen können. Dies ist vielleicht in Verbindung zu bringen mit der von Professor William James in seinen „Principles of Psychology" bemerkten Unfähigkeit, schmerzliche oder unangenehme Vorstellungen (wie z. B. die unseres eigenen Grabes) auf längere Zeit festzuhalten; und diese wiederum ist wahrscheinlich eins der Nebenergebnisse des biologischen Auswahlprozesses, sofern dieser auf die Erlöschung mit körperlichen oder geistigen Gebrechen behafteter Individuen abzielt. In einer Umgebung wie der unsrigen würde ein fortwährendes akutes Bewusstsein der unmoralischen oder nicht moralischen Anfänge unserer zartesten Empfindungen — ob wahr oder nur eingebildet — einen derartig „von des Gedankens

Blässe angekränkelten" Menschen zum Kampf ums Dasein unbrauchbar machen und daher sein Verschwinden beschleunigen, während die von keinen solchen Zweifeln Angegriffenen die Welt erfolgreich mit ihrer Nachkommenschaft bevölkern würden. Es ist z. B. durchaus im Bereiche der Möglichkeit, angenommen selbst, dass die Verantwortlichkeit eine Illusion wäre, dass der Glaube daran dem Wohle der Menschheit dienlicher sein würde als die entgegengesetzte und ex hypothesi richtige Ansicht. In diesem Falle würden zweifellos im Verlaufe des natürlichen Wahlprozesses diejenigen unglücklichen Individuen, welche die dem Wohl der Menschheit feindliche Meinung hegten, ausgetilgt worden sein; wogegen diejenigen, welche den „ihrem eigenen Wohlbefinden zuträglichsten Irrtum" begangen hätten, ihren Lohn in erhöhter Lebensfähigkeit und reichlichem Nachwuchs gefunden haben würden. Wie uns aber Sidgwick sehr richtig erinnert, ist es „eine zweifelhafte und mit Recht in üblen Ruf geratene Folgerungsmethode, von der praktischen Nützlichkeit einer Ansicht auf deren philosophische Wahrheit zu schliessen".

Dieser Gedanke jedoch führt zu dem weiteren Thema des γενναῖον ψεῦδος, auf welches wir späterhin ausführlicher zurückkommen werden. An dieser Stelle sollte es nur versucht werden, zu zeigen, dass die Verantwortlichkeit nicht notwendigerweise ein Beweis für die menschliche Freiheit ist; dass auch der Determinist dem Worte einen verständlichen Sinn beimessen kann; und dass selbst das Bewusstsein der Verantwortlichkeit vom nichtfreiheitlichen Standpunkte erklärlich ist.

§ 2.

Das Willensproblem und die ethische Berechtigung der Strafe.

Im Laufe der vorstehenden Bemerkungen hatten wir bereits Gelegenheit, die Frage der ethischen Berechtigung gesetzlicher und anderer Strafen und Belohnungen zu berühren; auf diesen Gegenstand müssen wir jetzt etwas näher eingehen. Ist es, wie so oft versichert wird, notwendig, die Freiheit des Willens anzunehmen — ist es eine Thatsache, dass wir sie annehmen — wenn wir Lohn spenden oder Strafe verhängen? Wir können uns des Gedankens nicht erwehren, dass dieser Anschauung ein Irrtum zugrunde liegt, demzufolge zwei durchaus verschiedene Dinge als identisch angesehen werden, nämlich die **Freiheit** und die **Bewegbarkeit** des Willens. Die Bestrafung begangener Vergehen findet in der letzteren ihre Berechtigung; hieraus jedoch zu folgern, dass, weil der Wille beweglich, er auch **selbstbeweglich** ist, entbehrt aller logischen Begründung. Das Eine ist aus dem Anderen nicht abzuleiten.

Was aber die Behauptung Sidgwicks und Anderer anbetrifft, dass, abgesehen von der Freiheit des Willens, Lohn und Strafe nicht zu verteidigen seien, so dürfte ein Hinweis auf Sir W. Hamilton, einen der eifrigsten Verfechter des freien Willens, genügen. Hamilton nämlich, obwohl er von seiner Lehre sagt, dass ihr zufolge Willensakte als ohne Ursache entstehend anzusehen sind, ist freimütig genug, anderswo zuzugestehen, dass „ein nicht von Motiven bestimmter Willensakt, wenn er überhaupt denkbar wäre, moralisch wertlos sein würde". Ein derartiges Zugeständnis aber ist eine gänzliche Aufgebung, ob bewusst oder unbewusst, seines Standpunktes; es räumt so ziemlich alles ein, was der Determinist behauptet, denn die Annahme, auf die sich der letztere stützt, ist gerade die, dass Willensakte von Motiven bestimmt werden — auch er hält den Willen für „frei" im Sinne, dass derselbe bewegbar oder bestimmbar ist. Wenn nun Hamilton die entgegengesetzte Annahme im voraus als undenkbar und nicht-bestimmte (d. h. unmotivierte, ursachlose) Willensakte, wenn denkbar, als „moralisch wertlos", bezeichnet, so ist es nicht ganz leicht einzusehen, was für „moralische" Einwendungen gegen die deterministische Theorie der Strafen und Belohnungen erhoben werden können. Der Determinist betrachtet Lohn und Strafen einfach als passende und an sich berechtigte Antriebs- oder Bewegsmittel, deren Erfolg durch fortwährende Erfahrung bewiesen wird. Der Libertarier spricht von der „Ungerechtigkeit" einer Bestrafung für Handlungen, deren das Individuum sich nicht enthalten kann[1]). Aber wie J. S. Mill sehr richtig bemerkt, dürfte gerade die Erwartung der Bestrafung das richtige — vielleicht das einzige — Mittel sein, das Individuum zur Enthaltung zu befähigen. Er „kann sich nicht enthalten", genau so lange er der Überzeugung huldigt, dass er straflos angesehen wird; im entgegengesetzten Falle kann er es recht wohl und thut es sogar meistens. Und gerade hieraus erhellt es, dass, wenn Hamiltons Theorie die wahre

[1]) Dies ist eine einseitig- oder halb-fatalistische Auffassung; die Grundannahme ist die, dass es A freisteht, B für eine Handlung C zu bestrafen oder nicht zu bestrafen, die es B ex hypothesi nicht freisteht, zu begehen oder nicht zu begehen; während selbst ein logischer Fatalist eingestehen müsste, dass seiner eigenen Lehre nach A sich so wenig der Bestrafung B's, wie B der Handlung C enthalten könnte.

wäre und nur dann, d. h. wenn der Wille nicht von Beweggründen bestimmt und Willensakte ursachlos und in diesem Sinne „frei" wären, die Bestrafung ihr Ziel verfehlen und ihre Berechtigung verlieren würde. Vom deterministischen Gesichtspunkte aus ist die Verhängung von Strafen doppelt berechtigt; einmal weil sie des Uebertreters eigenes Beste bezweckt — eine Stütze oder Krücke ist, die ihm der Staat in Gestalt eines starken Beweggrundes zur Innehaltung des rechten Weges darbietet; und zweitens, weil sie den Schutz der Gesellschaft bezweckt, deren einzelne Angehörige — ganz abgesehen von der Freiheit oder Unfreiheit des Willens — gewisse Rechte besitzen, gegen deren Verletzung sie vernünftigerweise praktische Verteidigungsmassregeln ergreifen. Der Determinist selbst könnte gegen die Zuständigkeit einer über ihn für rechtswidrige Handlungsweise von Staatswegen oder sonstwie verhängte Bestrafung keinen Einspruch erheben, es wäre denn, dass er sich wirklich der betreffenden Handlung nicht enthalten konnte — dass sie $\beta i\alpha$ oder $\delta i' \check{\alpha} \gamma \nu o \iota \alpha \nu$, (oder $\mu\alpha\iota\nu\acute{o}\mu\varepsilon\nu o\varsigma$, wie z. B. unter hypnotischem Einflusse) begangen hätte. War jedoch sein Zustand ein normaler, d. h. ein solcher, dass die Voraussicht der Strafe auf ihn hätte abschreckend wirken sollen, so wird er sich nicht über die Ungerechtigkeit seiner Behandlung beklagen oder vorgeben können, dass es nicht seine Schuld war, dass er so oder so handelte; seine Schuld, d. h. das was ihn zur Strafe verurteilt, war die, dass Motive welche stark genug sind den normalen Menschen von Vergehen zurückzuhalten, auf seinen Willen keinen derartigen Einfluss ausüben.

Die Auffassung der Strafe, ihres Zieles und ihrer ethischen Berechtigung, welcher sich sowohl die humanere Gesinnung als die Gesetzgebung der Neuzeit zuneigt, erblickt in ihr in erster Linie ein Mittel zur Vorbeugung von Übertretungen, in zweiter, zur Besserung des Übertreters; in keinem Sinne ist sie einfach vergeltend. Die Idee der Wiedervergeltung ist deterministisch allerdings nicht moralisch zu verteidigen; diese Idee aber verschwindet mit fortschreitender Kultur und nur in atavistischen Anfällen denkt heute noch der Gebildete Genugthuung darin zu finden, dass er Jemandem, der ihm ein Leides zugefügt hat, ein Gleiches anthut. Wenn aber auch die deterministische Anschauung die lex talionis nicht rechtfertigt, so kann sie den Ursprung derselben doch erklärend nachweisen. Ebenso wie das Gefühl der Verantwortlichkeit sich daher schreibt, dass das Individuum zur Verantwortung gezogen wird, so auch im vorliegenden Falle: Vergehen und Strafe stehen in unser aller Erfahrung im engsten Zusammenhange, und wie wir stets von den Gliedern einer oft beobachteten Reihenfolge zu behaupten geneigt sind, dass B auf A folgen muss — obwohl wir zu einer solchen Folgerung nicht streng logisch befugt sind — so schliessen wir auch hier, dass Vergehen und Strafe von Natur aus zusammengehören und die Idee der „Schuld" in der der „Sühne" ihr natürliches Komplement findet. Wenn wir freilich entweder die Natur personifizieren, oder besser, ihre Erscheinungen als die Kundgebungen eines höchsten Willens betrachten, so werden wir eher geneigt sein, in Bestrafungen Vergeltung für Verletzungen der Gesetze desselben zu erblicken; und obwohl diese Strafen, praktisch angesehen, eben auch als Beweggründe zur Vermeidung gewisser Handlungen gelten könnten, so dürften wir doch, wenn wir die Frage sub specie aeternitatis betrachten, bereit sein, uns dem Ausspruche anzuschliessen, dass die Strafe „des Verbrechens andere Hälfte", oder wie Augustin sagt, „das Recht des Unrechtthuers, die Gerechtigkeit des Ungerechten" ist. Wenn wir unseren Gesichtskreis aufs Aeusserste erweitern, so können wir vielleicht mit W. S. Lilley sagen, dass Unrechtthun die Behauptung des eigenen, persönlichen Willens gegen den Weltwillen sei, oder einem anderen augustinischen Aphorismus beipflichten — „nulla poena, quanta poena!" — Aber auch eine solche Anschauung ist eigentlich ein zur höchsten Potenz erhobener, die ganze Welt umfassender Determinismus, und in jedem Falle ist sie weit entfernt von dem blossen Racheinstinkt, welcher früher einem grossen Teile der Strafgesetzgebung zugrunde lag.

Das Ergebnis der vorstehenden Diskussion lässt sich in zwei Sätzen zusammenfassen:

1. Während die von der Natur (z. B. für Ausschweifungen) verhängten Strafen, objektiv betrachtet und de facto, wiedervergeltend sind, sollten die von der Gesellschaft zu ihrem eigenen Schutz und zum Besten ihrer schwächeren Mitglieder verhängten nur Vorbeugung und Besserung bezwecken.

2. Nicht nur ist Bestrafung von Vergehen unter der deterministischen Voraussetzung nicht ungerecht oder unvernünftig, sondern sie würde es vielmehr unter der entgegengesetzten Annahme sein; denn, wie Mill sagt, „wenn der Wille des Übelthäters wirklich frei, d. h. unverursacht und von Beweggründen unbeeinflussbar wäre, so liesse sich daraus nicht gerade ersehen, dass es gerecht wäre, ihn zu bestrafen." Im Gegenteil, da Hamilton zufolge ein nicht von Beweggründen bestimmter Willensakt nur als moralisch wertlos denkbar sein würde, so könnte man sagen, dass wir von Natur aus unfähig sind, eine Handlung überhaupt als

moralisch zu beurteilen, wenn sie im Sinne der Hamiltonschen Anschauung „frei" ist[1]). Wir können daher Martineau nicht beipflichten, wenn er behauptet, dass „die deterministische Anschauung es ebenso unsinnig macht, Lob oder Tadel auszusprechen, als dem Sonnenaufgang zu applaudieren oder auf den Regen ärgerlich zu sein — mit dem Unterschiede, dass unsere Mitmenschen von unseren Gefühlen gegen sie beeinflussbar sind; so dass es mit Hinsicht auf zu erreichende Zwecke empfehlbar ist, die Dummheit zu begehen, das zu loben oder zu tadeln, was an sich weder lobens- noch tadelnswert ist. Die moralischen Gefühle derart von einem Urteil über die Vergangenheit zu einer Versicherungspolice für die Zukunft herabzuwürdigen, heisst einfach auf sie Verzicht leisten und ist gleichbedeutend mit einem Eingeständnis, dass sie mit einer Notwendigkeitslehre unvereinbar sind." — Hierauf genügt es vielleicht, mit der Frage zu erwidern, was wohl unsinniger ist, Tadel auszusprechen und Strafe zu vollziehen, weil wir die Menschen für durch solche Beweggründe beeinflussbar halten, oder in gleicher Weise zu verfahren, wenn wir dies nicht glauben? Lob und Tadel, Lohn und Strafe, sind auch für den Determinsten mindestens in eben so hohem Grade Urteile über die Vergangenheit — d. h. die unvermeidlichen Folgen derselben — als eine Versicherungspolice für die Zukunft. Die Strafe ist entschieden ein Urteil über das Betragen eines Individuums, das ermangelt hat, Motiven zu gehorchen, die für den normalen Menschen ausschlaggebend

---

[1]) Dies schliesst natürlich die Möglichkeit einer ganz verschiedenen Freiheitstheorie, von welcher später die Rede sein wird, nicht aus.

sind — ermangelt hat, z. B. die Rechte Anderer zu achten und sich die Folgen der Misachtung zur Warnung dienen zu lassen. Und überdies scheint selbst Martineau dem oben (S. 44, Anm.) angedeuteten Irrtum zu verfallen und zu vergessen, dass vom streng deterministischen Gesichtspunkte aus es theoretisch beurteilt weder „ungerecht" noch „sinnlos" ist, zu lohnen oder zu strafen, da unsere Handlungsweise ex hypothesi von unabänderlichen Umständen bestimmt ist; während praktisch beurteilt die Probe der Vernünftigkeit gesetzlicher und anderer Strafen in den durch dieselben erzielten Resultaten liegt — Resultaten, die wir nur zu froh sind, irgendwie zustande zu bringen. Die Idee der Strafe um ihrer selbst willen oder als Vollziehung der Rache appelliert jedenfalls heutzutage nur noch in schwachem Masse an die Sympathie und Vernunft der Kulturmenschheit.

§ 3.
Das Willensproblem und die Bewusstseinsthatsachen.

a) Die Aussage des Bewusstseins.

Wir kommen nun in unserer Übersicht streitiger Punkte zu der Frage, ob unser eigenes Bewusstsein den Besitz eines freien Willens bejaht oder verneint. Englische Libertarier aller Schattierungen betrachten das Verdikt des Bewusstseins noch immer als ihr argumentum palmarium, den Hauptbeweis für die Richtigkeit ihrer Ansicht, und wir müssen daher diesen vermeintlichen Richtspruch einer genaueren Untersuchung unterziehen als dem deutschen Leser vielleicht notwendig erscheinen würde. Um uns im Voraus gegen Irrtum zu versichern, wollen wir die ipsissima verba zitieren, in welchen zwei typische Vertreter dieser Meinung derselben Ausdruck verleihen. Mansel äussert sich mit genügender Deutlichkeit wie folgt: „In jedem Willensakt bin ich mir vollkommen bewusst, dass ich im entscheidenden Augenblick in einer oder der anderen von zwei Weisen handeln kann, und dass, selbst wenn sämtliche Antezedentien dieselben sind, ich heute die eine und morgen die andere Handlungsweise wählen kann." Und Prof. Sidgwick, nach einer ausführlichen Darstellung der Beweise zu Gunsten des Determinismus in seinem Werke „The Methods of Ethics", ist der Meinung, dass dieselben durch den „unmittelbaren Ausspruch des Bewusstseins im Augenblick der überlegten Handlung" entkräftet werden: „In der Begehung von Handlungen, wo ich mir entschieden bewusst bin, dass ich zwischen Alternativen wähle, von denen ich die eine als die richtige oder vernunftgemässe betrachte, finde ich es unmöglich nicht anzunehmen, dass ich jetzt (d. h. im Momente der Entscheidung) bestimmen kann das zu thun, was ich als derartig betrachte — wie stark auch immer meine Neigung sein mag, unvernünftig zu handeln, und wie regelmässig auch immer ich meiner Neigung in der Vergangenheit nachgegeben haben mag." Da diese Bemerkung erhöhte Wichtigkeit dadurch erhält, dass Martineau (der merkwürdigerweise Sidgwick den Hauptrang unter den Psychologen der Gegenwart anweist) sie beifällig zitiert, so wird es von Interesse sein, sie mit einigen anderen, demselben Kapitel von Sidgwicks „Methods of Ethics" entnommenen Äusserungen zu vergleichen: „Unsere eigenen Handlungen erscheinen uns zur Zeit der Begehung frei, aber wenn sie erst einmal vorüber sind, als Folgen anweisbarer Ursachen." „Der Glaube der Libertarier, dass wir in der Zukunft fähig sein werden, Versuchungen zu widerstehen, denen wir in der Vergangenheit unterlegen sind, ist im Grossen und Ganzen illusorisch." Und schliesslich: „Die Lehre vom freien Willen erlegt uns nicht auf zu glauben, dass wir zu irgend einem beliebigen Augenblick unsere Gewohnheiten zu beliebigem Grade blos durch eine genügende Anstrengung (sc. des Willens) ändern können." — Es ist kaum eine Übertreibung zu sagen, dass es schwierig sein würde, innerhalb eines Abschnittes eines Werkes grössere Widersprüche und unvereinbarere Behauptungen aufzutreiben. Wir sollen an die Freiheit des Willens glauben, weil Sidgwick in einem Atemzuge es „unmöglich findet, das nicht anzunehmen", was er im nächsten für „im Grossen und Ganzen illusorisch" erklärt. Wir sollen unsere Handlungen als frei ansehen, weil Sidgwick die seinigen „zur Zeit der Begehung" so erscheinen, d. h. zu einer Zeit, wo wir am wenigsten urteilsfähig sind; und auf Grund dieser zweifelhaften Entscheidung sollen wir ihre zugestandene Umstossung durch späteres Nachdenken ignorieren, welches uns versichert, dass sie „die Folgen anweisbarer Ursachen" sind. Die Lehre vom freien Willen erlegt es uns nicht auf zu glauben, dass wir zu irgend einem beliebigen Augenblick blos durch eine genügende Anstrengung des Willens unsere Gewohnheiten ändern — d. h. die durch regelmässiges bisheriges Nachgeben geschmiedete Kette brechen — können; und doch ist es gerade dies, was Sidgwick für „unmöglich findet, nicht anzunehmen" und diese Unmöglichkeit, auf die er seinen Glauben an die Freiheit des Willens gründet! — Wir können nur annehmen, dass es Sidgwick nicht gelungen ist seine eigene Meinung mit genügender Bestimmtheit auszusprechen; ein Psychologe hätte jedoch zum Mindesten wohl daran gethan, genauer nachzuforschen,

ob es wahr ist, dass unser Bewusstsein uns jemals
versichert, dass unsere Handlungen „frei" — im Sinne,
dass sie nicht „Folgen nachweisbarer Ursachen" — sind.
Schliesslich aber müssen wir bemerken, dass, wer die
„Methods of Ethics" nicht selbst gelesen hat, von dem
von Martineau zitierten Satze einen unzulänglichen
und ungenauen Eindruck von Sidgwicks Stellungnahme empfangen muss, oder vielmehr dieser isolierten
Äusserung weit mehr Gewicht zulegen wird, als der
Rest des Kapitels rechtfertigt.

Jedenfalls aber entheben uns diese Widersprüche
der Notwendigkeit, von Sidgwicks Verteidigung des
freien Willens hier weitere Notiz zu nehmen: an Stelle
dessen können wir unsere ungeteilte Aufmerksamkeit
Dean Mansels unumwundenem Diktum zuwenden,
welches wir der Bequemlichkeit halber wiederholen:
„In jedem Willensakte bin ich mir vollkommen bewusst,
dass ich im entscheidenden Augenblick in einer oder
der anderen von zwei Weisen handeln kann und dass,
selbst wenn sämtliche Antezedentien dieselben sind,
ich heute die eine und morgen die andere Handlungsweise wählen kann." Das ist mit einer Überzeugung
gesagt, die jeden Zweifel beinahe mit Verachtung, als
etwas nicht zu Duldendes, von sich weist; wir können
nur schlechterdings Behauptung nicht für Beweis hin-
nehmen, sondern müssen den Gründen der ersteren
nachforschen. Und bei genauem Hinsehen ergiebt es
sich denn, dass Mansel vor Allem dem Bewusstsein
eine Funktion oder Fähigkeit zuschreibt, welche es in
Wirklichkeit nicht besitzt, nämlich die der Vorher-
sagung der Zukunft. Denn zu sagen, dass er sich der
Fähigkeit „bewusst" ist, in einer oder der anderen von
zwei Weisen handeln zu können, kann nur heissen, dass
sein Bewusstsein die Fähigkeit besitzt, ihn über Dinge

zu unterrichten, welche über die Gegenwart hinausliegen. Ein solches Amt aber liegt gänzlich ausserhalb des Bereiches des Bewusstseins; es unterrichtet uns wohl mit grösserer oder geringerer Zuverlässigkeit über den Zustand unserer augenblicklichen Gefühle und Wahrnehmungen, nicht aber über was wir imstande sein werden zu thun. Das sogenannte Bewusstsein, welches uns hierüber — wiederum mit grösserer oder geringerer Zuverlässigkeit — unterrichtet, ist das Wissen, welches sich von früherer Erfahrung herschreibt und dessen alleiniger Anspruch auf Glaubwürdigkeit der ist, dass es, wie Mill sagt, diese Erfahrung richtig ausdeutet. Aber diese Art des Wissens — ein Wissen, welches von der nächstfolgenden Erfahrung widerlegt werden kann — als Bewusstsein zu bezeichnen, ist ein kaum zu rechtfertigender Misbrauch eines wichtigen philosophischen Ausdrucks.

Die Anrufung des Bewusstseins zum Zeugen für die Freiheit des Willens nimmt ferner häufig die Form einer Behauptung an, dass unser Bewusstsein deutlich zeigt, dass wir nicht unter der Notwendigkeit stehen, dem stärksten Beweggrunde zu gehorchen, sondern imstande sind, gegen unsere Wünsche zu handeln; dass wir das Eine thun können, obwohl wir das Andere vorziehen; dass das Gewissen über die Begierde siegt, usw. J. S. Mill behandelt diese Behauptungen in seiner Kritik Hamiltons, und seine Widerlegung derselben erscheint uns gründlich und vollkommen. Das Freiheitsgefühl, welches wir hegen, bezeugt zweifellos, dass, was auch unsere Entscheidung in einem gegebenen Falle gewesen sein mag, wir eine andere hätten treffen können, wenn wir diese vorgezogen hätten; es bezeugt nicht, dass wir das Eine hätten thun können, im Falle oder trotzdem wir das Andere vorzogen.

Wenn wir sagen, dass wir einem Dinge oder einer Handlungsweise den Vorzug geben, so wollen wir damit als vernünftige Wesen zu verstehen geben, dass wir sie mit Hinsicht auf alle ihre voraussehbaren Folgen oder Wirkungen — nicht an und für sich, und abgesehen von diesen — vorziehen. Daher kommt es denn oft vor, dass wir im Hinblick auf die Konsequenzen ein Verfahren einschlagen, wenn wir an und für sich, abgesehen von diesen, oder wenn dieselben hätten vermieden werden können, ein anderes vorgezogen haben würden; die Gedankenverwirrung entsteht daher, dass die gewöhnliche Verkehrssprache sich auf diese feinen Unterschiede zwischen dem Dinge allein betrachtet und dem Dinge plus seiner Konsequenzen nicht einlässt. Wenn daher ein Individuum anstatt eines Genusses, welcher unangenehme Folgen nach sich ziehen würde, Enthaltsamkeit erwählt, so wird die Sache so dargestellt, als ob er die Enthaltsamkeit an sich dem Genusse an sich vorgezogen hätte — was entschieden nicht der Fall ist — und als ob das Gewissen über die Leidenschaft und das Verlangen gesiegt hätte; gerade als ob, abgesehen von allem Anderen, das Gewissen nicht selbst ein Verlangen wäre — das Verlangen recht zu thun. Wenn, wie Mill sagt, wir uns eines Mordes aus Abneigung gegen das Verbrechen und Furcht vor der Strafe enthalten, in welchem Sinne sind wir uns dann bewusst, dass wir die That hätten begehen können? Wir hätten sie wohl begehen können, aber nur dann, wenn das Verlangen nach der That unseren Abscheu und Furcht überwogen hätte. Wenn wir, auf unser vormaliges Betragen zurückschauend, uns vorstellen, dass wir anders hätten handeln können, so nehmen wir immer stillschweigend oder unbewusst einen Unterschied in den vorgängigen Ereignissen, den inneren oder äusseren Beweggründen an. Die Behauptung also, dass wir uns bewusst sind, im Gegensatz zu unseren jeweiligen stärksten Motiven, Neigungen und Abneigungen, handeln zu können, bricht unter genauerer Untersuchung zusammen; „der Unterschied zwischen einem schlechten und einem guten Menschen ist nicht der, dass der Gute im Gegensatz zu seinen stärksten Neigungen handelt, sondern dass sein Wunsch, das Rechte zu thun, stärker ist als jede andere entgegengesetzte Neigung." (Mill). In seiner Polemik gegen die Ansicht, dass wir uns der Freiheit direkt bewusst fühlen, im Sinne, dass wir die Fähigkeit besitzen, im Gegensatz zu unseren stärksten Beweggründen oder unabhängig von solchen Beweggründen zu handeln, erscheint uns Mills Beweisführung unantastbar; worin ihre Unzulänglichkeit besteht und was es ist, dessen uns unser Bewusstsein in Wirklichkeit versichert, soll in der Schlussabteilung dieser Arbeit erörtert werden.

b) Die Glaubwürdigkeit des Bewusstseins.

Für den Augenblick jedoch müssen wir den Faden dieser Betrachtungen unterbrechen, um die ganze Frage der Glaubwürdigkeit der Aussage unseres Bewusstseins von Neuem aufzuwerfen und einer gründlicheren Untersuchung zu unterziehen. Philosophen wie Mansel und Sidgwick nehmen nicht nur viel zu zuversichtlich an, dass unser Bewusstsein uns über dies und jenes unterrichtet, sondern sie stützen sich auf die allgemeine Annahme, dass das, wessen es uns versichert, ipso facto objektiv wahr ist, und dass sein unzweideutiges Zeugnis, soweit wie es eben geht, untrüglich ist. Diese Annahme werden wir versuchen hier genauer zu prüfen, resp. ihre Unhaltbarkeit nachzuweisen. Es ist einer der Gemeinplätze der Wissenschaft, dass — was sich auch sonst von unseren Sinneswahrnehmungen sagen lässt — sie uns jedenfalls kein genaues Bild der sinnlich wahrnehmbaren Welt liefern. Ob eine solche objektive Welt überhaupt existiert, ist, wie Berkeley unter den neueren Philosophen vielleicht zuerst bewiesen hat, fragwürdig; dass aber, ob sie existiert oder nicht, wir nicht umhin können, an ihre Existenz zu glauben, lässt gar keinen Zweifel zu, da jede unserer Handlungen einen solchen Glauben voraussetzt. Absolut gewiss ist ein Jeder nur seiner eigenen Existenz; was aber über diese hinausgeht, mit der unserer Körper anfangend, ist Gegenstand für mehr oder weniger berechtigte Überzeugung, Annahme, Spekulation, Glauben, Eindruck usw., aber nicht für das ganz eigenartige Gefühl der Gewissheit, mit dem wir uns unserer persönlichen Existenz bewusst sind. Andererseits aber, angenommen selbst dass jeder einzelne unserer Sinneseindrücke falsch und wir das Spielzeug unvermeidlicher Sinnestäuschungen wären, würde die Irrigkeit aller unserer anderen Überzeugungen usw. diese Eine nicht ungültig machen, insofern nämlich selbst eine Täuschung Jemanden, der getäuscht wird, zur Voraussetzung hat. Um Wahrnehmungen selbst der irrigsten Art zu machen, um Spekulationen — selbst die lächerlichsten — anzustellen, müssen wir doch vor allem dasein. Dass eine Anzahl unserer unmittelbarsten Sinneseindrücke, unserer unverkennbarsten „Bewusstseinsthatsachen", die physische Welt betreffend, unrichtig sind, unterliegt keinem Zweifel — so wenig, wie dass wir nicht fähig sind, andere als eben diese Eindrücke zu empfangen; dass es noch viel mehr solcher Erscheinungen der Natur giebt — angenommen, dass diese selbst nicht eine gigantische Halluzination ist — betreffs deren die Eindrücke unseres Bewusstseins nur im Grade ihrer Unzuverlässigkeit von einander abweichen, lässt sich sogar in der Abwesenheit genauerer Beweisführung vermuten. Und trotzdem ergiebt sich die eigentümliche Erscheinung, dass unsere geistige Beschaffenheit uns zwingt, fortzufahren, das als sicher zu behandeln, was uns als fragwürdig bekannt ist und Eindrücke als untrüglich anzusehen, deren Unrichtigkeit bewiesene Thatsache ist[1]). So sonderbar jedoch dies zuerst erscheinen mag, so ist es doch, wenigstens hypothetisch, unschwer erklärbar. Vom Standpunkte der biologischen Entwicklung aus war es wahrscheinlich höchst gleichgültig, was für Eindrücke, eine grosse Anzahl — möglicherweise die Mehrzahl — der Naturerscheinungen betreffend, sich dem menschlichen Organismus einprägten: ob wir über dies und jenes so oder anders denken, mochte für das Übrigbleiben des Tüchtigsten und die Erhaltung der Species von keiner Wichtigkeit gewesen, und die Bestimmung solcher unerheblichen Einzelheiten wie der besonderen Sinneseindrücke die wir von besonderen Gegenständen empfangen, mag daher in dem enorm komplizierten Entwicklungsprozess grossenteils dem biologischen Zufall überlassen worden sein, ohne dass auf die objektive Wahrheit dieser Eindrücke auch nur abgezielt wurde. Wenn wir uns etwa einbilden, dieser Prozess hätte den Zweck, oder doch das Resultat gehabt, uns korrekte Eindrücke

---

[1]) Z. B., dass Farben den Gegenständen, welche wir wahrnehmen, anhaften.

von der physischen Welt zu liefern, so ist für ernüchternde gegenteilige Beweise hinlänglich gesorgt. Und trotzdem sind wir, wie gesagt, in der Praxis gänzlich unfähig, diese Eindrücke abzuschütteln, von denen wir theoretisch nur zu wohl wissen, dass sie nicht im Einklange mit den Thatsachen stehen.

Wenn es nun aber in vielen Fällen einfach gleichgiltig gewesen sein mag, was für einen Bericht uns unsere Sinne erstatteten, so ist es wenigstens denkbar, dass es in manchen anderen von der höchsten Wichtigkeit für die Erhaltung der Species war und ist, dass die Eindrücke, welche wir empfangen, mehr oder weniger unrichtig seien; sowie wir aber eine derartige Möglichkeit zugeben, ist es leicht abzusehen, in welcher Weise die Gesetze der biologischen Zuchtwahl in einem solchen Falle in Wirksamkeit getreten sein würden. Angenommen, dass es Thatsachen oder Wahrheiten gäbe, deren Erkenntnis oder Entdeckung unsere Thatkräftigkeit, Lebensfähigkeit und -freude usw. nicht erhöhen, sondern dieselben vielmehr vermindern würde, so würden diejenigen Individuen, die so unglücklich wären, diese Thatsachen wahrzunehmen und durch die Wahrnehmung derselben in ihrem Lebensgange beeinflusst zu werden, im Kampfe ums Leben zweifellos schlechter wegkommen, als die unter ihren Mitmenschen, welche von den betreffenden Wahrheiten keine Ahnung hätten. Wo Unwissenheit und Leichtgläubigkeit die Bedingungen des Überlebens sind, da werden eben die Unwissenden und Leichtgläubigen die Überlebenden sein, und im Laufe der Zeit würde nur hier und da ein unglückliches Individuum an der Kenntnis einer Wahrheit kranken und zu Grunde gehen, von der sich seine normal beschaffenen Mitmenschen nichts träumen lassen.

Nehmen wir etwa beispielsweise an, dass die Existenz einer materiellen Welt illusorisch wäre und dass eine Gesellschaft diese Illusion als solche erkennen und ihrer Erkenntnis gemäss handeln würde; es erfordert keine besondere Einbildungskraft um zu begreifen, welch lähmenden Einfluss eine solche Anschauung auf ihre Anhänger ausüben würde, und das Verschwinden dieser Gruppe von Wahrheitsfanatikern aus einer Welt, für die sie ihr zu durchdringender Blick untauglich gemacht, liesse sich ohne Schwierigkeit voraussehen. **Eine Wahrheit, welche der Erhaltung der Gattung unzuträglich ist, kann sich in der Natur der Dinge auf die Dauer selbst nicht erhalten;** und an Stelle von notwendigen Wahrheiten wäre es vielmehr statthaft, von „notwendigen Täuschungen"[1]) zu reden.

Wenn nun aber die Richtigkeit der Schlussfolgerung zu der wir soeben gelangt sind zugestanden wird, so ergiebt sich aus dieser eine fernere, deren Tragweite kaum ermessbar ist. Wenn, wie es den Anschein hat, genügende Ursache vorliegt, eine Anzahl der unmittelbaren Aussagen unseres Bewusstseins in Verdacht zu ziehen; wenn, wie wir weiter gemutmasst haben, es im Falle einer weiteren Anzahl dieser direkten Sinneseindrücke hochgradig zweckmässig ist, dass dieselben eben so sind, wie sie sind — d. h. unrichtig: wie können wir dann behaupten, dass eine ähnliche oder sogar identische Erklärung nicht auch für gewisse wichtige Thatsachen unseres moralischen Bewusstseins giltig ist? Ist es nicht auch hier wenigstens möglich, dass gewisse unrichtige Eindrücke und Mein-

---

[1]) Das heisst notwendig, nicht an und für sich, sondern zur Erreichung gewisser Zwecke; nicht absolut, sondern relativ.

ungen sich im Kampfe ums Dasein als vorteilhafter erwiesen haben, als die objektiv wahren? Und würden nicht in solchem Falle die obwaltenden biologischen Gesetze Individuen und Gruppen, welche die wahreren, aber ungelegenen Ansichten hegten, mit derselben leidenschaftslosen Unerbittlichkeit ausgeschieden haben, mit welcher die Natur der Dinge Jeden zum Aussterben verurteilt, der sich seiner Umgebung nicht anpasst? In einem Worte, dürfte es nicht der Fall sein, dass gewisse unter unseren Moral-, ebenso wie unter unseren Sinneseindrücken „notwendigen Täuschungen" zuzuschreiben, oder als solche zu bezeichnen sind?

Um uns von der Unhaltbarkeit einer solchen Theorie a priori zu überzeugen, würden wir eine Gegentheorie aufstellen müssen, für die uns jeder Beweis fehlt — nämlich, dass es zu unserem grössten Vorteil ist, dass alle unsere moralischen Eindrücke objektiv richtig seien; oder dass es der Wille der Gottheit ist, dass wir in jedem Falle die objektive Wahrheit erkennen; oder dass in genau dem Grade, in welchem wir sie erreichen und Irrtümer hinter uns lassen, wir gedeihen und uns lebensfähig erweisen. Wo eine oder die andere dieser Annahmen als Glaubensartikel aufgestellt wird, fällt natürlich jede weitere Beweisführung weg; andernfalls jedoch dürfte es sich empfehlen, die folgenden Beobachtungen im Auge zu behalten:

1. Die Behauptung, dass es dem Wohlsein der Gattung zuträglicher ist, wahre als falsche Meinungen über geistige und andere Erscheinungen zu unterhalten, findet keinen Anhalt in der Analogie der Naturwissenschaft.

2. Ob unsere Meinungen, Fragen der Moral betreffend, wahr oder falsch sind — die blosse That-

sache, dass wir ihnen huldigen, beweist, dass sie die uns zuträglichen sind, da sie selbst ihre „Überlebensfähigkeit" bewiesen haben; und wir sind möglicherweise von Natur aus unfähig, ihre Irrtümlichkeit zu erkennen, ebenso wie wir daran verhindert sind, Farben anders als den Sinnesobjekten anhaftend zu erblicken.

3. Wir haben genugsamen Grund zu glauben, dass zum wenigsten in einigen Fällen unser Bewusstsein uns irreführt und dass es zu unserem eigenen Besten ist, derart irregeführt zu werden. Ohne auf nähere Einzelheiten einzugehen, können wir in Kürze auf die äusserst täuschenden Formen hinweisen, in welchen einige unserer gebieterischsten physischen Instinkte sich uns häufig darstellen. Es unterliegt wohl keinem Zweifel, dass, wenn die Menschheit imstande wäre, diese Verkleidungen zu durchschauen und hinter all den Schleiern der Dichtung und Romantik, welche ihn gnadenvoll verhüllen, den unaussprechlich öden und prosaischen Endzweck der Natur — die Erhaltung der Gattung — zu erblicken, eine solche Gefühlsverarmung und Brutalisierung, ja bei den Empfindsameren ein solches taedium vitae die Folge sein würde, dass die Erreichung des Endzweckes selbst ernsthaft in Gefahr gelangen möchte. Glücklicherweise ist uns ein derartiger Einblick in der Dinge Zusammenhang versagt, was auch immer unsere wissenschaftlichen Überzeugungen sein mögen. Hier, wenn überhaupt irgendwo, besitzen wir ein Universalbeispiel einer „notwendigen Täuschung" [1]).

---

[1]) Überhaupt ist es interessant zu beobachten, wie wir, selbst wenn wir allem Anschein nach unsere eigenen Ziele verfolgen, in Wahrheit ganz anderen Zwecken dienen. Je entfernter diese Zwecke uns selbst angelegen sind, desto

Sind wir nun aber bis zu diesem Punkte logisch vorgeschritten, so stehen wir jetzt vor einem Resultate, welches auf eine Menge anderer Beweise, zumal derjenigen, mit welchen wir uns im zweiten Teile dieser Arbeit beschäftigt haben, von bemerkbarem Einflusse sein muss. Wenn es zugestanden ist, dass einige unter den Gefühlen und Eindrücken, deren wir uns bewusst sind, ihre Beschaffenheit und Dasein vielleicht nicht sowohl ihrer Richtigkeit, als ihrer Dienstlichkeit im Entwicklungsprozess verdanken; wenn wir von diesen, statt den entgegengesetzten, Gefühlen bewegt werden, nicht weil diese wahrer sind als jene, sondern weil diese uns zu streitfähigen Mitbewerbern im Kampfe ums Dasein machen; wenn sie möglicherweise nicht die objektive Wahrheit, sondern nur die vorteilhafteste Art Irrtum, die wir um unseres eigenen Besten willen begehen können, bezeichnen: dann wird es eben fernerhin unmöglich sein, den Aussprüchen des Bewusstseins jene oberste und unwiderrufliche Autorität zuzuschreiben, welche dieselben bisher besessen haben. An Stelle eines unbestechlichen Richters, gegen dessen Urteile nicht appelliert werden kann, werden wir einen bezahlten Advokaten erblicken, welcher seine Entscheidungen nicht im Einklange mit der abstrakten Gerechtigkeit, sondern mit Hinsicht auf unser Wohlergehen und das einer dritten Partei — der Gattung,

grösser ist die scheinbare unmittelbare Befriedigung, die denjenigen versprochen ist, welche die Erreichung derselben zu fördern sich bereit erweisen. Unsere Begehrlichkeit und unsere Einfalt verbünden sich zur Förderung eines schliesslichen Endzwecks, den als gut und vernünftig anzusehen unsere ganze Hoffnung ist, dem wir aber meistenteils in Unwissenheit dienstbar sind. Betrachtungen wie diese scheinen die im Text vertretene Ansicht indirekt zu bestärken.

der Nachwelt — abgiebt. Wenn es zum Heile der Gesellschaft, zum „grössten Wohle der grössten Anzahl" ist (und bei solchen Berechnungen stehen die Ungeborenen immer in der Majorität), dass wir denken, wir seien verantwortlich, so wird uns unser Bewusstsein dessen versichern, selbst wenn die Verantwortlichkeit eine Erfindung der Einbildungskraft wäre. Wenn es der Gattung förderlich ist, dass wir unsere eigenen Handlungen und die unserer Mitmenschen für lobens- oder tadelnswert ansehen, so wird und muss unser Bewusstsein diesen Glauben in uns wachrufen, mögen die Thatsachen sein, was oder wie sie wollen. Wenn ein Bewusstsein „unverursachter" Willensakte uns zum Überleben befähigt, während ein entgegengesetztes Bewusstsein unsere Erlöschung nach sich ziehen würde, so lässt es sich leicht absehen, dass unser Bewusstsein den ersteren Glauben begünstigen würde, selbst wenn wir die reinsten Automaten wären. (Überhaupt müssen wir bedenken, dass es eine offene Frage ist, ob wir uns der Freiheit „bewusst", oder nur des Zwanges unbewusst sind, welcher trotzdem, wie der Blutumlauf oder der Luftdruck, dasein mag, ohne dass wir ihn ahnen. Vergl. „Du denkst du schiebst, und wirst geschoben", Faust, Teil II.) Die Verantwortlichkeit, das Gefühl Lob oder Tadel zu verdienen, und beweggrundslose Willensäusserungen können trotzdem recht gut der objektiven Wahrheit entsprechen; aber sie erhalten keinen erhöhten Anspruch auf Glaubwürdigkeit einfach dadurch, dass ihnen der Ausspruch unseres Bewusstseins zur Seite steht, denn dieses würde uns von allem Möglichen zu überreden suchen, woran zu glauben für uns oder unsere Nachkommenschaft zuträglich wäre.

Nun lässt es sich aber nicht leugnen, dass es wirklich für uns und noch mehr für die Gattung gut ist, dass wir uns verantwortlich, rechtmässig belohnbar oder strafbar, und frei fühlen. Eine Gesellschaft, die sich einmal ehrlich von dem Gegenteil aller dieser Annahmen überzeugt haben und ihre Überzeugungen ins Praktische übertragen würde, könnte auf keine lange Fortdauer rechnen. Determinismus als die ständige Überzeugung eines Individuums oder einer Gruppe würde — soweit wir berechtigt sind, die Resultate nicht existierender Zustände vorauszusagen — zu solcher Öde, Monotonie und schwindender Lebenskraft führen, dass nur eins von zwei Dingen geschehen könnte: unsere konsequenten Deterministen würden entweder aufhören als Mitbewerber im Kampf ums Dasein aufzutreten, oder, was wahrscheinlicher ist, sie würden ihre Folgerichtigkeit opfern und wenigstens in der Praxis Libertarier werden. — Der verhältnismässige Stillstand der Nationen, welche von einer fatalistischen Auffassung beherrscht werden, verdient hier bemerkt zu werden.

Soviel steht jedenfalls fest, dass unser Bewusstsein jedes der Gefühle, von denen hier die Rede ist, zum mindesten übertreibt. Es ist entschieden nützlich, dass wir uns gewohnheitsmässig für Handlungen verantwortlich fühlen, die wir kaum oder garnicht umhin konnten zu begehen; dass Bedauern und Reue derartig in einander verschmelzen, dass wir sie kaum zu unterscheiden imstande sind; dass wir uns und Andere als frei ansehen, das zu wählen, was uns in Wirklichkeit Umstände aufzwingen; dass Sidgwick als Menschenfreund es für „unmöglich findet, nicht anzunehmen", dass der Trunkenbold nach dem hundertsten Falle der hundert und ersten Versuchung widerstehen wird, obwohl er als Philosoph sich genötigt sieht, mit Bedauern zuzugeben, dass solche Hoffnungen „im Grossen und Ganzen illusorisch" sind. Und doch — wie wohlthuend sind diese Illusionen und wie ungern würden wir uns ihrer entschlagen! Um wie viel grauer und hoffnungsloser würde das Leben ohne sie sein! Und wie ungerechtfertigt wäre es von Philosophen, zu erwarten, dass die Menschen ihren Lebensgang in Einklang mit der „Wahrheit" bringen sollten, wo die Wahrheit den klaren Äusserungen ihres Bewusstseins widerspricht — angenommen nämlich, dass sie dies thut! Irrtümlich, ja total falsch mögen die letzteren sein, aber gehorchen müssen wir ihnen, denn dies ist uns Lebens- und Überlebensbedingung.

Dieses Thema vom erlösenden Irrtum, Platos γενναῖον ψεῦδος, könnte uns weit führen; wir dürfen jedoch nicht länger von unserem Hauptgegenstand abschweifen, sondern schliessen diese Abteilung in der Hoffnung, genügende Gründe dargelegt zu haben, warum wir dem blossen Zeugnis unseres Bewusstseins unseren unmittelbaren Glauben vorenthalten müssen. Wessen uns auch unser Bewusstsein versichert, geschieht ohne Rücksicht auf die Wahrheit und nur im Hinblick auf die Förderlichkeit des Versicherten; und das Freiheitsbewusstsein insbesondere mag sich recht wohl — wenn wir nicht von anderer Quelle ganz unabhängige Beweise für eine ihm zugrundeliegende Realität empfangen — als nichts anderes erweisen, als eine angenehme, sinnreiche und sowohl höchst wohlthuende als erfolgreiche Vorrichtung zur Erreichung gewisser hochwichtiger Zwecke — in einem Wort, als eine „notwendige Täuschung".

§ 4.

Das Willensproblem und der Theismus.

Das Thema der menschlichen Freiheit steht in so unzertrennbarem Zusammenhange mit der Religionsphilosophie, dass wir nicht vermeiden können, es, wenn auch nur in aller Kürze, von diesem Gesichtspunkte aus — d. h. von der theistischen Anschauung ausgehend — zu betrachten. Dass gerade diese Seite unseres Gegenstandes besondere Schwierigkeiten darbietet und ihre Behandlung zu den weitgehendsten Meinungsverschiedenheiten Anlass giebt, liegt in der Natur der Sache. Während Philosophen wie Hamilton in der Freiheit des Willens „das einzige Medium, vermittelst dessen die blosse Vernunft zur Kenntnis Gottes gelangen kann", erblicken, haben andere und grössere religiöse Denker wie Augustin und Kalvin, der göttlichen Existenz nicht minder sicher, sich gerade aus theistischen Gründen genötigt gesehen, die menschliche Freiheit zu leugnen und an ihre Stelle eine eiserne und mit rücksichtsloser Logik ausgeführte Prädestinationslehre zu setzen. In dem Grade, in welchem Philosophen geneigt gewesen sind, das grössere Gewicht entweder auf die göttliche Vollkommenheit oder auf die menschliche Freiheit zu legen, haben sie sich in der Versuchung befunden, wenigstens theoretisch entweder absoluten Determinismus zu lehren oder das göttliche Vorwissen zu leugnen. Dass der Mensch von Augenblick zu Augenblick in der Wahl zwischen verschiedenen Handlungsarten „frei" ist, und dass Gott diese Wahl trotzdem seit aller Ewigkeit vorhergewusst hat, scheint eine hoffnungslose Antinomie; die eine Annahme scheint die andere auszuschliessen, und doch sind beide gleich unvermeidlich.

Am anfechtbarsten erscheint vielleicht die Ansicht, deren Anhänger mehr oder weniger offen die göttliche Allwissenheit in Abrede stellen, um die menschliche Freiheit zu retten. Ein Gott, der nicht wüsste, was in der nächsten Stunde oder im nächsten Jahrtausend geschehen wird; ein Gott, der Ereignisse abzuwarten hat und möglicherweise die Handlungen seiner Geschöpfe falsch berechnet; ein Gott, welcher zeitlich (und daher wahrscheinlich auch räumlich) bedingt ist — erscheint uns ein solch dürftiges simulacrum des höchsten Wesens, dass lieber als so über ihn zu denken, wir unser Freiheitsbewusstsein aufs Bereitwilligste als ein Produkt unserer Einbildungskraft, und uns selbst als Marionetten — „$\Theta\varepsilon o\tilde{v}$ $\tau\iota$ $\pi\alpha\acute{\iota}\gamma\nu\iota o\nu$ $\mu\varepsilon\mu\eta\chi\alpha\nu\eta\mu\acute{\varepsilon}\nu o\nu$" (Plato, Legg. VII, 803) — anerkennen würden. Wenn wir nur in der völligen Verzichtleistung auf eigenes Verdienst oder eigene Freiheit eine die Vernunft zufriedenstellende Welt- und Gottesanschauung finden können — so müssen wir eben diesen Preis bezahlen. Aber die Theorie, welche anscheinend bei gewissen Denkern Beifall findet, und welche die Freiheit mit einer Summe vergleicht, welche ein Vater seinem Sohne auf eine Zeit lang zum eigenen Gebrauche geliehen hat, können wir nur als grotesk in ihrer Ideenverwirrung bezeichnen und sie einer falschen Analogie zwischen dem Endlichen und dem Unendlichen zuschreiben. Wie kann das Wesen, welches Alles ist — wenn wir nicht zu einer fragwürdigen $\varkappa\acute{\varepsilon}\nu\omega\sigma\iota\varsigma$-Lehre Zuflucht nehmen — weniger denn Alles wissen? Oder wie kann das Wissen des Ewigen von zeitlichen Bedingungen beschränkt sein?

Dass die entgegengesetzte Ansicht ohne alle Schwierigkeiten annehmbar ist, soll nicht behauptet werden; das Problem des Übels, der Sünde usw. tritt in schärferen Umrissen hervor, wenn wir glauben, dass es von Gott vorher gewusst und daher vorher bestimmt wird, als wenn wir dies leugnen. Aber die Leugnung erniedrigt in Wirklichkeit die Gottesidee durch die stillschweigende Entschuldigung, dass Gott das Übel nicht vorher wusste und folglich vielleicht nicht abwenden konnte; wenn er es dagegen vorher weiss, so stehen wir einfach vor einem Mysterium, dessen Bedeutung einer höheren Intelligenz als der unseren sonnenklar sein mag und selbst der unseren sich bis zu einem gewissen Grade entschleiert. Andererseits aber, wenn Gott nicht weiss, was für Gebrauch wir von unserer Freiheit machen werden, so dürften wir mit zweifelhafter Dankbarkeit auf eine so bedenkliche Gabe blicken, deren Zweck alsdann kaum mehr als eine unabsehbare Reihe von Experimenten erscheinen würde — und von Experimenten, deren Risiko gänzlich auf unserer Seite ist. Ferner aber, selbst wenn Gott nicht sicher sein könnte, welcher Art die Handlungen seiner Geschöpfe sein würden, so müsste ihn doch die Erfahrung — ein unserer Ansicht nach hier ganz sinnloser und auf die Gottheit unanwendbarer Ausdruck — nachgerade belehrt haben, dass solche Wesen wie wir der Sündlosigkeit unfähig sind; so dass selbst unter dieser höchst unbefriedigenden Voraussetzung wir der Folgerung nicht entgehen können, dass Gott die Sünde vorher bestimmte, indem er uns der Sündlosigkeit unfähig erschuf.

Alle derartige Spekulationen aber sind äusserst fruchtlos, ausser etwa insofern als die Darstellung der mit dem Gegenstande verbundenen Schwierigkeiten dazu beitragen mag, uns die Beschränktheit der menschlichen Fähigkeiten klar vorzuführen. Die Antinomie zwischen göttlicher Vorsehung und menschlicher Freiheit bleibt wo sie war und wir entgehen ihr nicht durch vorgeschlagene Lösungen wie die Mills, dass A's Vorkenntnis der Handlungsweise B's den Letzteren nicht weniger frei macht[1]). Denn erstens ist A's Voraussicht von B's Handlungen nur insoweit möglich, als diese auf nachweisbare Beweggründe zurückzuführen — und daher nicht im üblichsten Sinne „frei" — sind; und zweitens, zwischen Schöpfer und Geschöpf sind Vorherwissen und Vorherbestimmung untrennbare, ja identische Begriffe.

Es fragt sich nun, ob wir ohne jegliche Andeutung der Richtung sind, in welcher die Erklärung dieses Widerspruches zu suchen ist. Zwei solche Erklärungen dürften wenigstens versuchsweise hier Erwähnung finden. Es liesse sich eine Theorie aufstellen, derzufolge die beiden bereits genannten Annahmen — unsere Freiheit zu wählen und Gottes Kenntnis der Wahl, bevor dieselbe getroffen ist — einander nur scheinbar und nicht in Wirklichkeit ausschliessen; ebenso wie es denkbar ist, dass zwei gerade Linien so wenig konvergieren, dass sie allem Anschein nach absolut parallel sind, obwohl wenn sie ins Unabsehbare verlängert wären (d. h. weiter als wir sehen können oder als praktikabel ist) sie endlich zusammentreffen würden. In ähnlicher Weise dürften auch diese beiden einander oberflächlich widersprechenden Grundannahmen mit einander übereinstimmen, obwohl der Punkt ihres Zusammentreffens über unseren Gesichtskreis hinaus liegen und uns infolge unserer natürlichen Beschränkungen notwendigerweise verborgen bleiben mag.

---

[1]) Ausser wenn wir im Sinne Greens und Stewarts unsere Handlungen als „frei" ansehen, insofern sie die „unsrigen" sind.

Diese Theorie kann möglicherweise ein Element der Wahrheit enthalten; wesentlich jedoch ist sie unbefriedigend, wie alle anderen Theorien, welche über die irrtümliche Idee einer zeitlich bedingten, oder in der Zeit ihr Dasein habenden Gottheit nicht hinausgehen. Zeit und Raum sind unzweifelhaft die Kategorien, unter welchen endliche Intelligenzen zu denken genötigt sind; aber zu behaupten, dass dieselben Vorstellungen auf die Gottheit anwendbar, oder von derselben aussagbar sind, ist ein geradezu erstaunlicher Irrtum. Die Ideen der Zeit und des Raumes tragen den Stempel der Endlichkeit an sich und wir können sie uns vom theistischen Standpunkt aus nicht anders als von Gott erschaffen — also weder unerschaffen noch unabhängig von ihm — vorstellen. Der unendliche Geist muss, wenn das Wort „unendlich" überhaupt einen Sinn hat, über die Grenzen der Zeit und des Raumes hinausgehen; muss daher nicht einen bedeutenden oder ungeheuren Raum einnehmen, sondern allen Raum in sich schliessen; nicht in der Zeit, oder eine unabsehbar lange Zeit existieren, sondern von ewiger Dauer sein; nicht ungemein grosse Macht, sondern Allmacht besitzen; nicht äusserst weise und vielwissend, sondern allwissend sein. Die Zeit hatte einen Anfang und wird möglicherweise ein Ende haben; die Idee der Ewigkeit schliesst Anfang und Ende gleichmässig aus. Die eine hat keine absehbaren Grenzen, die andere ist unendlich und der Unterschied zwischen ihnen ist selbst unendlich. In der Zeit giebt es nur Vergangenheit und Zukunft; in der Ewigkeit giebt es weder die eine, noch die andere, sondern nur eine Gegenwart. Die endliche und bedingte Intelligenz denkt unter der Kategorie der Zeit und erfasst Ereignisse als vergangen oder zukünftig; die unendliche

und unbedingte Intelligenz denkt unter der Kategorie
der Ewigkeit und erfasst alle Ereignisse als gleichmässig gegenwärtig. Das Leben aller endlichen Geschöpfe besteht aus „war" und „wird sein"; das Leben
des unendlichen Schöpfers findet seinen Ausdruck in
dem Worte „Ich bin". Dem Menschen erscheint die
Zeitdauer als etwas Wirkliches; für die Gottheit sind
tausend Jahre gleich einem Tage und ein Tag gleich
tausend Jahren. Wenn wir sagen, dass dieses unendliche Wesen
Ereignisse „voraussieht" — geschweige denn nicht
voraussieht — so sind wir sowohl eines sprachlichen
Misbrauchs als gedanklicher Verirrung schuldig; ein
grösserer oder folgenschwererer Irrtum als die Anwendung unserer endlichen Ideen und Phraseologie auf
das unendliche Subjekt ist kaum möglich. Auf den
Einwand, dass wir uns die Zeit nicht als erschaffen
vorstellen können (was im Grunde nur bedeutet, dass
wir uns keine Zeit vorstellen können, zu der die Zeit
nicht war), ist zu antworten — 1. dass wir uns die
Zeit ebensowenig als unerschaffen vorstellen können
und 2. dass, wie Mill sagt, Unvorstellbarkeit keine
Garantie gegen die objektive Wahrheit einer Idee ist.
Ausserdem, wenn es einmal zugegeben ist, dass unsere
Beschaffenheit uns nur dazu befähigt, unter den Kategorien der Zeit und des Raumes zu denken, so ist es
kaum überraschend, dass wir unfähig sind uns das
vorzustellen, was diese Kategorieen übersteigt. Und
schliesslich können wir mit A. J. Balfour sagen, dass,
wenn die Gottheit nicht im eigentlichen Sinne unvorstellbar und unerfasslich wäre, sie überhaupt nicht
existieren würde.

In jedem Falle glauben wir für die hier vertretene
Anschauung des Wesens Gottes den Anspruch er-

heben zu dürfen, dass sie den vorgeblichen unversöhnlichen Widerspruch zwischen Vorsehung einerseits und Freiheit andererseits, wonicht aufhebt, so doch in einem gänzlich anderen Lichte erscheinen lässt. Der erstere Ausdruck verliert freilich seine übliche Bedeutung eines „Vorhersehens" und kann nur als ein der Schwäche des menschlichen Verstandes gemachtes Zugeständnis beibehalten werden; wir müssen eben bedenken, dass, wenn wir über die göttliche Natur überhaupt nachdenken, wir dies nur unvollkommen und mit der Hilfe grober und unzulänglicher Instrumente zu thun imstande sind. Wenn unsere Theorie sich der Wahrheit nur irgendwie nähert, so verschwindet wenigstens die gemeine Schwierigkeit — wie nämlich, angenommen, dass es uns freisteht, eine oder die andere von zwei Rosen zu pflücken, Gott unsere Entscheidung wissen kann, bevor er uns, sozusagen, im Akte des Pflückens ertappt. Dass an ihre Stelle vielleicht eine andere und sogar unlösbarere Schwierigkeit[1]

---

[1] Die beiden Schwierigkeiten sind in ihrer Art von Grund aus verschieden: die eine, welche wir die „gemeine" nennen, ist dem Gefühle verwandt, dessen wir uns bei der Ausführung einer geschickten Taschenspielerei bewusst sind — wir wissen nicht, wie die Sache gemacht wird. Die andere ist diejenige, welche wir in der Gegenwart eines ewigen Mysteriums fühlen — wir wissen, dass wir die Lösung nicht wissen können, und „gemacht" wird da garnichts, sondern es ist eben so. Vor der ersten fühlen wir eine gewisse gespannte Neugier; vor der zweiten tritt an Stelle der Neugier Ehrfurcht und an Stelle der Spannung ergebenes Vertrauen. „Es giebt eine gewisse ernsthafte Fügung in unsere Unwissenheit, eine Erkenntnis unserer Ohnmacht tiefgehende und dringende Fragen zu lösen, welche ein eigenartiges Gefühl der Befriedigung mit sich bringt." (Newman, Grammar of Assent, p. 201).

tritt, ist möglich; denn so unwiderleglich es uns auch erscheinen mag, dass der göttliche modus vivendi eine ewige Gegenwart ohne Vergangenheit oder Zukunft ist, dass der Zeit entnommene Ideen auf das höchste Wesen keine Anwendung haben und dass für den Einen der da ist, alle Dinge und Geschehnisse gleichmässig sind — so vergeblich werden wir uns doch bemühen, diese Sätze zu verstehen. Zum Mindesten aber rettet uns diese Theorie vor dem Selbstwiderspruch eines Unendlichen, welcher endlichen Bedingungen unterworfen, einer Ewigkeit, die nach Stunden messbar ist, und eines Gottes, welcher, von einem Teile des von ihm erschaffenen Raumes in die weite Ferne einer Zeit blickt, welche nicht dawar bis er es wollte, und solchermassen die kleinlichen Ereignisse, die in einer der unbedeutendsten seiner Welten sich abspielen, „voraussieht" — oder auch nicht voraussieht.

§ 5.
Der „freie Wille" und das freie Ich.

In mehreren der vorstehenden Abschnitte dieser Arbeit haben wir einige der hauptsächlichsten Beweise, vermittelst deren die Ansicht verfochten wird, dass der Wille den Gesetzen der Kausalität nicht unterworfen, sondern „frei" und „von Ursachen unabhängig" ist, oder „nicht von Motiven bestimmt wird", einer Prüfung unterzogen. Diese Beweise — ob sie sich nun auf das Gefühl der Verantwortlichkeit, das der Lobes- oder Tadelswürdigkeit, oder die Aussage unseres Bewusstseins gründen — fanden wir es unmöglich für überzeugend anzusehen. Ohne die als Zeugen angerufenen Gefühle zu leugnen, haben wir versucht zu demonstrieren, dass ihr Entstehen vom deterministischen Standpunkte aus erklärlich ist, und dass sie uns nicht dazu berechtigen, dem Willen die Eigenschaft der Ursachslosigkeit beizumessen; und was im Besonderen die Aussagen unseres Bewusstseins anbetrifft, so haben wir uns bemüht zu beweisen, dass das letztere durchaus nicht der unberückbare Richter ist, für den es meistens gilt, sondern dass seine Sprüche, ob richtig oder falsch, wahrscheinlich nicht sowohl von der abstrakten Wahrheit als der biologischen Zweckmässigkeit diktiert werden. Wenn die Möglichkeit notwendiger Täuschungen einmal zugestanden ist, so können wir uns kaum mehr der Überzeugung hingeben, dass, was uns unser Bewusstsein aufs Unablässigste und Unzweideutigste versichert, deshalb auch objektiv wahr ist — so wünschenswert und sogar unvermeidlich es auch für uns sein mag, seine Entscheidungen in der Praxis zu befolgen.

Angenommen aber, die menschliche Freiheit wäre bereits bewiesen und wäre ferner so uneingeschränkt, als die extremsten Vertreter dieser Ansicht dies behaupten, so unterliegt es doch keinem Zweifel, dass in dem Gesamtgetriebe der Welt unsere Freiheit doch nur ein höchst unbedeutender Faktor sein könnte — obwohl es gut für uns sein mag, das Gegenteil zu denken; und dass die besagte Freiheit selbst auf die Gestaltung unseres eigenen Lebensganges einen weit geringeren Einfluss ausüben würde, als unsere Selbstgefälligkeit geneigt sein dürfte, zuzugeben. Es würde, wie gesagt, höchst wünschenswert sein, dass wir uns für frei halten, selbst wenn wir Marionetten wären; und ebenso wünschenswert ist es, dass wir unseren Anteil an der Gestaltung der Ereignisse uns als weit bedeutender vorstellen als er ist. Diese Übertreibung unserer Wichtigkeit und Notwendigkeit in der Verfassung und Regierung der Welt, dieser Mangel an Proportionsgefühl, mit dem wir unsere Thätigkeit und Wirksamkeit in derselben betrachten, erhöht den Reiz, fördert das Interesse an der Existenz, welches nicht nur das Leben des Einzelnen erträglich macht, sondern, was viel wichtiger ist, wahrscheinlich nicht wenig dazu beiträgt, das Leben im Allgemeinen möglich zu machen.

Erinnernswert sind hier Balfours gutgewählte Beispiele — das von dem Kinde, welches sich einbildet die Korrespondenz zu leiten, weil ihm der Vater erlaubt hat, die Marken auf die Briefe zu kleben; und das von dem Knaben, der das Ventil an der primitiven Dampfmaschine regulierte, und sich deshalb für das wichtigste, weil einzig vernünftige Glied in der Kette von Ursachen und Wirkungen hielt -- bis ihn eine einfache mechanische Vorrichtung verdrängte [1]). Balfours Kritik richtet sich gegen die übertriebene Wichtigkeit, welche wir den Verrichtungen der Vernunft zuschreiben; was er aber hiervon sagt, ist in gleichem Grade auf den Willen anwendbar [2]). Die wenigen Angelegenheiten, welche wir anordnen, oder denken dass wir anordnen können, nehmen in unseren Augen eine solche Wichtigkeit an, dass wir über

---

[1]) Vgl. auch Sidgwick: „Es giebt keine ursprünglich durch den bewussten Willen vollzogene Handlung, welche nicht auch unter gewissen Umständen unbewusst vollzogen werden kann."

[2]) „Zu den durch mannigfaltige Vorgänge erzielten Resultaten . . . macht die Vernunft (reason) ihren dürftigen Beitrag; dem Denker (reasoner) aber erscheint gerade diese natürlich als die wichtigste und wunderbarste Vorrichtung in dem ganzen Mechanismus."

ihnen die viel zahlreicheren Dinge und Ereignisse vergessen, auf deren Gang wir absolut nicht eingreifen können; und der einfache Grund unserer Überschätzung der ersteren ist der, dass es eben diese Angelegenheiten sind, mit deren Anordnung wir betraut sind — wie es ja eine der gewöhnlichsten Erscheinungen ist, dass die einem gewissen Beruf oder Studium Obliegenden die Bedeutung desselben für die Menschheit im Allgemeinen zu hoch anschlagen.

Jedenfalls sollte ein kurzes Nachdenken uns klar machen, wie geringfügig die Ergebnisse sind, welche unser „freier Wille" — angenommen, dass wir ihn besitzen — zustande bringt, im Vergleiche mit der ungeheuren Anzahl von Umständen, welche absolut, und ohne jede Beihilfe oder Möglichkeit solcher Beihilfe unsererseits, für uns angeordnet werden. Wenn wir bedenken, dass wir ohne Wahl — in eine Umgebung gleichfalls nicht unserer Wahl — geboren werden, und zwar mit Erbzügen begabt oder belastet, über die wir ebenfalls keine Wahl haben; dass unsere Glaubensansichten, Geschmack, Neigungen, Temperament usw. uns meistens erblich oder durch Erziehung vorgezeichnet und vorbestimmt sind; wenn wir uns erinnern, was für anscheinend unbedeutende Ereignisse unseren Lebensgang aufs Tiefgehendste beeinflusst, und von welcher Tragweite in unserer eigenen Erfahrung sich die reinsten Zufälle erwiesen haben, so müssen wir wohl oder übel zugestehen, dass was unser „Wille" für uns gethan hat, in gar keinem Verhältnis steht zu dem, was wir dem Zufall oder anderen Umständen verdanken.

So wenig es auch möglich ist, dass wir diese Betrachtungen im praktischen Leben im Auge behalten, ja, so wünschenswert es vielleicht sein mag, dass wir dies nicht thun, so sollte doch ein Philosoph nachgerade mit einigem Verdacht und nicht ohne eine gewisse Belustigung auf die üblichen Prätensionen die effektive Macht des Willens betreffend blicken. Zugegeben, dass wir zwischen zwei verschiedenen Kursen zu wählen imstande sind, so will dies nicht gerade viel sagen, wenn wir bedenken, dass eben diese zwei die Einzigen sind, über die uns eine Wahl frei steht, und dass es eine unendliche Menge anderer Kurse giebt, die gänzlich ausserhalb des Bereiches unserer Entscheidung liegen. Die Freiheit nach A oder B, nicht aber nach C, D, E u. s. w. bis Z zu gehen, ist immerhin eine recht beschränkte, die mit Befriedigung zu geniessen man genügsamer Natur sein muss. Wenn wir also selbst innerhalb gewisser enger Grenzen unseren Charakter bilden und formen können, so will dies nicht viel bedeuten im Vergleiche mit dem kolossalen Einfluss, welchen Umstände auf uns ausüben, deren Bestimmung durchaus nicht von uns abhängt. — Unsere Handlungsweise jedoch werden Betrachtungen dieser Art nie modifizieren; denn sowie wir zu handeln anfangen, wird und muss uns der eigene Wille nicht als relativ unwichtig, sondern als ein Faktor von der allerersten Bedeutung erscheinen.

In der vorstehenden Diskussion sind wir jedoch verfahren, als wären wir bereits sicher, dass der Wille überhaupt ein unabhängiger Faktor ist. Gerade dies aber ist die Streitfrage, welche wir bisher allem Anschein nach negativ beantwortet haben; im Gegenteil haben wir einen nach dem anderen der zu einer Bejahung derselben führen sollenden Beweise als ungenügend zurückgewiesen. Verschiedene im Laufe dieser Arbeit gemachte Andeutungen jedoch, sowohl als der Vorbehalt mit dem wir unsere negativen Schlussfolgerungen begleiteten, haben indessen wohl darauf hingewiesen, dass sich unsere Kritik nicht gegen die menschliche Freiheit als solche, sondern ausschliesslich gegen eine gewisse Theorie dieser Freiheit richtet. Die besagte Theorie ist diejenige, deren Anhänger behaupten, dass Willensakte „ohne Ursache entstehen", dass unsere Handlungen „nicht die Wirkungen gewisser Ursachen sind", dass der Wille „nicht von Motiven regiert wird" u. s. f. Jede einzelne dieser Behauptungen haben wir zu widerlegen versucht; das Gefühl der Zurechnungsfähigkeit bewies unserer Ansicht nach nicht, dass Willensakte beweggrundlos seien, sondern das gerade Gegenteil; um der Moral einen Sinn und Inhalt zu geben, hatten wir nicht zu beweisen, dass unser Wille im Sinne der bestrittenen Theorie „frei" ist; im Gegenteil, wir bemerkten Hamiltons eigenes Zugeständnis, dass Willensakte, welche nicht von Beweggründen bestimmt sind, wenn überhaupt, dann nur als moralisch wertlos denkbar seien. Ferner fanden wir die von Mansel aufgestellte Behauptung, dass unser Bewusstsein uns angiebt, was wir thun „können", unhaltbar, da die Aussprüche des Bewusstseins sich nur auf die Gegenwart und nicht auf die Zukunft beziehen; und schliesslich sahen wir uns genötigt, diese Aussprüche selbst durchaus nicht als zweifelsohne oder unantastbar hinzustellen.

Obwohl uns aber diese Theorie der menschlichen Freiheit jeder Begründung zu entbehren scheint, sind wir weit entfernt in ihr die einzig mögliche zu erblicken; wir sind vielmehr der Ansicht, dass es eine andere und richtigere Theorie giebt, während die Hamiltons, Mansels und Sidgwicks dem philosophischen Glauben an die Freiheit durch irrtümliche Grundannahmen und Beweise entschiedenen Abbruch gethan hat. Die genannten Denker haben in erster Linie die Aussprüche unseres Bewusstseins misdeutet, und zweitens an die Stelle einer unzweifelbaren Bewusstseinsthatsache höchst zweifelhafte und sogar nachweisbar falsche Annahmen gesetzt, wenn sie behaupteten, unser Bewusstsein versichere uns, dass Willensakte ursachlos und nicht von Beweggründen bestimmt seien. Wenn die Verfechter einer Anschauung uns in einem Atemzuge versichern, dass dieselbe zur Moral durchaus notwendig ist, und im nächsten, dass ihr eigener erster Lehrsatz Willensakte jedes moralischen Wertes beraubt; oder dass sie ihren Glauben auf das gründen, was ihr Bewusstsein es für sie „unmöglich macht, nicht zu denken", obwohl sie unmittelbar nachher zugestehen, dass ihre Erfahrung die Prophezeiungen ihres Bewusstseins häufig widerlegt — so ist es unmöglich, für die verfochtene Theorie besondere Achtung zu fühlen; und dass sie immer wieder von neuem auftaucht, ist in Sir Henry Maines Ausdruck ein Beispiel von der „ausserordentlichen Lebenskraft spekulativer Irrlehren".

Die Theorie, welche wir zur Nachfolgerin der Hamiltonschen vorschlagen, lässt sich in kürzester Form in die Worte zusammenfassen: „Der Wille gehorcht; der Mensch ist frei." In den folgenden Zeilen soll der Versuch gemacht werden, diesen vielleicht paradox klingenden Satz zu beweisen.

Nach alldem, was wir über die Autorität des Bewusstseins geschrieben haben, wird die Ankündigung, dass unser erster und hauptsächlichster Beweis nichts anderes als eine Anrufung eben dieses Zeugen ist, möglicherweise überraschen. Wir müssen daher daran erinnern, dass wir von Anfang an in unserer ungünstigen Kritik der Bewusstseinsthatsachen eine Ausnahme zu Gunsten einer einzigen unter ihnen gemacht haben — einer Thatsache, welche über allen Zweifel und Einwendungen erhaben ist, und deren wir uns in keiner Weise entledigen können, — nämlich des Bewusstseins unserer persönlichen Existenz. Die bewiesene Irrtümlichkeit aller unserer anderen Eindrücke würde unseren Glauben an diese Thatsache unerschüttert lassen, denn selbst um falsche und widersinnige Eindrücke zu empfangen, müssen wir „dasein". Auf dieser Bewusstseinsthatsache, der einzigen, welche keinen Zweifel zulässt, beruht der Beweis unserer These; und nichts, was wir zur Widerlegung anderer, wirklicher oder vorgeblicher Aussprüche des Bewusstseins angeführt haben, entkräftet diesen einen. Unser eigenes Dasein, die Existenz des Ichs, oder wie Herbert Spencer sagt, „die Thatsache, welche für einen Jeden über alle anderen hinaus die sicherste ist" — soviel dürfen wir voraussetzen.

Dieses Ich hat eine wirkliche, obwohl nicht materielle Existenz, deren Verleugnung die Verleugnung des Gefühls, des Gedächtnisses und des Wissens ist; zu gleicher Zeit mit dem Bewusstsein seiner jeweiligen Zustände ist es seiner selbst bewusst, und fähig eine Selbstkenntnis zu entwickeln, die in Bestimmtheit seiner Kenntnis der Erscheinungswelt nichts nachgiebt. In diesem Ich finden wir die einzige Basis und Garantie der menschlichen Freiheit.

Die Lehre vom freien „Willen" in der ihr von Hamilton und Mansel gegebenen Form, musste in der Natur der Dinge stets zu einem Konflikte führen zwischen dem, was das Bewusstsein aussagen sollte und dem, was die Erfahrung augenscheinlich lehrte, das eine behauptete angeblich, dass Willensakte unverursacht seien, die andere machte es ganz klar, dass sie von Beweggründen abhängig sind und regiert werden. Die hier vertretene Ansicht hofft diesen Widerspruch aufzuheben. Dass der Wille Motiven gehorcht, dass unsere Handlungen von einer Menge von Wünschen und Interessen beeinflusst werden, das beweist die allgemeinste Erfahrung; wir haben nur Motive von genügender Stärke in Bewegung zu setzen — an den Mut, die Habgier, Ehrsucht usw. eines Individuums zu appellieren — um innerhalb nicht allzu weit gezogener Grenzen die Handlungen des Betreffenden voraussagen zu können. Dass also Willensakte selbst „frei" sind, lässt sich nicht behaupten, es sei denn, dass wir Freiheit mit Beweglichkeit verwechseln; der Abstand zwischen Beweglichkeit und Selbstbeweglichkeit (oder Freiheit) ist aber ein unüberbrückbarer.

Wenn daher die Frage entsteht, was es ist, das unser Bewusstsein aussagt, wenn wir starken Motiven und Versuchungen Widerstand leisten, so ist die Antwort die folgende: nicht dass unser Wille frei ist, sondern dass wir frei und fähig sind, unsere Willensakte bis zu einem gewissen Grade zu bestimmen. Dies ist kein blosser Unterschied in Worten, denn der Wille ist nicht derartig mit dem Ich identifizierbar, wie dies oft angenommen wird. Eine Willensäusserung ist ein von einem Ich Gewolltes, genau wie ein Gefühl ein von einem Ich Gefühltes ist; und folglich sind wir nicht mehr berechtigt, das Ich mit dem einen als mit dem anderen zu identifizieren. Das Ich ist in seinen Willensäusserungen natürlich vorausgesetzt, aber es ist die letzteren nicht mehr als seine Gefühle.

Wenn wir also sagen, dass das Ich frei und fähig ist seine Willensakte zu bestimmen, oder vielmehr bei der Bestimmung derselben mitthätig zu sein, so heisst dies, dass das Ich einige der Beweggründe, von welchen sein Wille geleitet wird, selbst liefert. Dies hinwiederum will weit mehr sagen, als was Anhänger T. H. Greens, wie Stewart, zuzugeben bereit sein würden, dass nämlich unsere Charaktere, ihrer Beschaffenheit nach, unsere Motive sind, und dass wir in diesem Sinne für die Handlungen, in welchen unser Charakter Ausdruck findet, verantwortlich, und in ihrer Begehung frei sind. Was wir vielmehr behaupten, und zwar auf die Autorität des Psychologen William James, ist, dass das Ich die Fähigkeit besitzt, gewissen Motiven, zur Vernachlässigung oder selbst zum Ausschluss anderer, seine Aufmerksamkeit zuzuwenden, und die ersteren hierdurch zu kräftigen; und ferner, dass mit Hilfe des Gedächtnisses und der Überlegung das Ich imstande ist, nicht nur einem Motive seine Aufmerksamkeit zuzuwenden, oder zwischen einer Mehrzahl streitiger Motive zu wählen, sondern im Notfall seine eigenen Motive zu erschaffen. Dies ist die Deutung der Aussage des Bewusstseins in dem von uns angenommenen Falle, wo z. B. ein Mann mit seinen Versuchungen kämpft und ihnen obsiegt: nicht dass sein Wille frei und unverursacht ist, sondern dass er selbst eine Ursache ist, und zur Bestimmung seines Willens beiträgt; nicht dass er seinem stärksten Beweggrunde zuwider handelt, sondern dass er selbst fähig ist, ein Motiv oder eine Anzahl von Motiven hervorzurufen, welche schwer in die Wagschale fallen, und die Wahl entscheiden; nicht dass der Wille selbstbestimmt ist, sondern dass er von einem Ich, einem „Selbst" bestimmt wird. Denn „der Wille gehorcht, der Mensch ist frei".

    Es ist interessant zu bemerken, wie nahe dieser Formel zwei Denker sehr verschiedenen Schlages gekommen sind, ohne sie jedoch thatsächlich auszusprechen. Einerseits haben wir den Schotten Reid, der zwar erklärt, dass „die Bestimmung von dem Individuum selbst und nicht von seinen Motiven getroffen wird," unter dem letzteren Ausdruck jedoch nur äusserliche Motive versteht [1]).

---

[1]) Die Bemerkung Hamiltons, des Herausgebers Reids, zu diesem Satze verdient in verkürzter Form hier wiedergegeben zu werden, weil sie eine noch grössere Annäherung an den oben vertretenen Gesichtspunkt zeigt, obwohl Hamilton sich ihm nur annähert, um sogleich davon zurückzuweichen. Er fragt, ob nicht das Individuum selbst von einem Motive zu seiner Bestimmung bestimmt wird, und fährt fort: „Wenn der Wille zu A = 12 und der Wille zu B = 8 ist, so muss A den Sieg davontragen, ausser wenn wir uns denken, was undenkbar ist, nämlich, dass das Individuum ein Supplement von Beweggründen erschafft, d. h. aus dem Nichtsein ins Dasein ruft." Dies ist nun aber unserer Anschauung nach gerade was das Ich unter solchen Umständen thut; es ist ferner für uns die einzige vernünftige Ausdeutung des Zeugnisses unseres Bewusstseins; und schliesslich ist es nicht besonders klar, warum die Hervorrufung von Motiven seitens eines Ich undenkbarer sein sollte als Willensäusserungen ohne zu Grunde liegendes Motiv. Wenn aber Hamilton weiter schreibt: „In Gedanken daher werden wir Bestimmung und Notwendigkeit nie los", so zeigt dies seine Unfähigkeit den Irrtum abzuschütteln, dass die menschliche Freiheit nur unter der Bedingung rettbar sei, dass Willensakte nicht bestimmt, d. h. unmotiviert seien. Von Anfang bis zu Ende hat Hamilton den sogenannten „freien Willen" mit dem freien Ich verwechselt. — Nebenbei bemerkt, ist es nicht gerade undenkbar, dass ein metaphysisches Ich, welches selbst nicht von materiellen Ursachen hervorgerufen wird, fähig wäre, Motive hervorzurufen, d. h. kausal thätig zu sein.

Andererseits macht der Determinist John Stuart Mill das folgende höchst interessante, weil unbewusste Zugeständnis: „Dieses Gefühl, dass wir fähig sind, wenn wir es so wünschen, unseren eigenen Charakter zu modifizieren, ist gerade das Gefühl der moralischen Freiheit, deren wir uns bewusst sind. Das Individuum fühlt sich moralisch frei, wenn es fühlt, dass seine Gewohnheiten oder Versuchungen nicht seine Herrscher, sondern es der ihrige ist; wenn es selbst im Akte des Nachgebens weiss, dass es widerstehen könnte; dass, wenn es geneigt wäre, seine Versuchungen gänzlich abzuschütteln, zur Erreichung dieses Zieles kein stärkerer Wunsch notwendig sein würde als einer, den es sich bewusst ist, fühlen zu können." Diese wichtige Bemerkung gewährt uns einen Einblick in den Gedankengang eines Philosophen, der sich für einen Deterministen hielt, weil er mit Recht an die Bestimmbarkeit des Willens glaubte — aber doch nicht umhin konnte, an die Freiheit des Individuums selbst zu glauben. Mit Hamilton stimmt er irrtümlich in der Annahme überein, dass unter „Freiheit" die Unbestimmbarkeit des Willens zu verstehen sei, und eine derartige Auffassung verwirft er als widersinnig; dabei giebt er uns aber eine Erklärung des moralischen Freiheitsbewusstseins, welche — ob er dies nun einsieht oder nicht — die Idee eines nichtmateriellen Ichs stillschweigend voraussetzt. Wenn das Gefühl der Freiheit eine Realität ist — und das will Mill uns zu verstehen geben — und unser Wille trotzdem von Beweggründen regiert wird, so müssen wir selbst einigen Anteil an der Hervorrufung unserer Motive haben; und ein Ich, dem wir eine solche Funktion zuschreiben, muss etwas mehr und etwas anders sein als eine Serie von Bewusstseinszuständen oder die Summe seiner eigenen Wahrnehmungen — in einem Worte, eine freie Ursache.

Vor dem Abschluss dieser Arbeit dürfte es vielleicht erlaubt sein, auf einige praktische Vorteile hinzuweisen, welche die Lehre vom freien Ich über die Lehre vom freien Willen zu besitzen scheint. Wir haben gesehen, dass die Thatsache der Verantwortlichkeit dem Glauben an freie, d. h. unmotivierte Willensakte keinen Vorschub leistet und dass das Gefühl der Verantwortlichkeit vom deterministischen Standpunkte aus genugsam erklärlich ist, während von dem des Indeterminismus - wie man Hamiltons Lehre bezeichnen könnte — betrachtet, dieses Gefühl unerklärlich bleibt. Wenn wir aber die Freiheit vom Willen aufs Ich übertragen, so behält die Verantwortlichkeit nicht nur die Verständlichkeit, welche sie bei der deterministischen Hypothese besitzt, sondern sie gewinnt einen neuen und tieferen Sinn. Denn die Verantwortlichkeit erscheint als eine bedeutendere Thatsache, wenn das Individuum selbst gewissen unter seinen Motiven seine Aufmerksamkeit zuwenden, unter ihnen wählen, sie nach Gefallen betonen, und wenn nötig, sie ins Dasein rufen kann, als wenn die ganze Bewegkraft von aussen herkommt. Zurechnungsfähig ist der Mensch unter allen Umständen, aber doppelt zurechnungsfähig, wenn wir ein Recht haben zu denken, dass er seinen Motiven Widerstand entgegensetzen oder sie bestärken kann, dass es in Mills Worten in seiner Gewalt liegt, der Herrscher seiner Gewohnheiten und Versuchungen zu sein, anstatt von ihnen beherrscht zu werden.

Ähnliche Betrachtungen finden natürlich auch auf die Frage der ethischen Berechtigung des Lobes oder Tadels usw. Anwendung: wenn unsere Willensakte

nichts mit Motiven zu thun haben, so sind Lob und
Tadel, Lohn und Strafe, moralisch unverfechtbar und
nur dem Vergeltungsinstinkt zuzuschreiben; wenn
andererseits der Wille von Motiven regiert wird, und
nur dann, rechtfertigt der erstrebte und erreichte Zweck
die Ausmessung von Belohnungen und Strafen, und
das Gefühl, dieselben zu verdienen liesse sich als ein
Nebenprodukt eben dieser Ausmessung erklären. Wenn
aber nicht nur unser Wille von Motiven geleitet wird,
sondern unsere Motive bis zu einem gewissen Punkte
von unserer Bestimmung abhängen, so lässt eine solche
Annahme die Gerechtigkeit der Belohnungen und
Strafen in weit hellerem Lichte erscheinen, da ja die
Begehung oder Nichtbegehung der betreffenden That
dem Thäter wenigstens teilweise freistand. Gleichzeitig aber erhält nun auch das Bewusstsein, uns des
Lobes oder Tadels unserer Mitmenschen verdient
gemacht zu haben, eine rationelle Grundlage und
braucht nun weder als Nebenprodukt, noch als notwendige Täuschung dargestellt zu werden [1]).

Die von uns vertretene Anschauung besitzt jedoch
noch einen dritten und grösseren Vorteil über die
Lehre vom „freien Willen". Die Anhänger dieser
Lehre haben sich, von ihrem Losungsworte irregeleitet,
zu allen Zeiten nur zu geneigt bewiesen, dem Willen
ein effektives Vermögen zuzuschreiben, welches das
thatsächliche bei weitem übersteigt. Soweit dies nur
bedeutet, dass wir unserer eigenen Thätigkeit und

[1]) Der Grad, in welchem wir uns lobens- und besonders tadelnswürdig fühlen, ist natürlich oft höher als unser
eigentliches Verdienst oder Schuld; und insofern als es
wünschenswert, d. h. zum Besten der Gesellschaft ist, dass
unser Gefühl die anweisbare Ursache übersteigt, fällt das
erstere unter die Kategorie der ψευδαῖα ψεύδη.

Initiative eine übertriebene Wichtigkeit im Getriebe
der Welt beimessen, ist eine solche Überschätzung
vielleicht unvermeidlich und sogar von Nutzen. In
den auf der Lehre vom freien Willen beruhenden
englischen Moralsystemen bedeutet es jedoch gewöhnlich
viel mehr als dies: es bedeutet gewöhnlich, dass der
Wille ganz unabhängig von Motiven handeln und
sich über dieselben hinwegsetzen kann, wie gross auch
immer ihre Anzahl und Stärke sein mag. Diese auf
einen irrigen Freiheitsbegriff begründete Ansicht hat
in der Praxis häufig zu schweren Misurteilen, zu
harten Verdammungen und zu einem Mangel an
Mitgefühl geführt: denn wenn der Wille eines Menschen
im alten Sinne „frei" war, dann konnte dieser eben
seinen Versuchungen obsiegen, welcher Art diese auch
waren, und hätte ihnen obsiegen sollen, in welcher
ungünstigen Lage er sich auch befand.

Die Anerkennung der in diesen Zeilen auseinander-
gesetzten Freiheitsidee würde vielleicht eine philosophische Rechtfertigung zur Milderung solch harter
Urteile darbieten. Dieser Idee zufolge ist der Mensch
wohl frei, aber nicht in unbegrenztem Masse, denn
sein Charakter wird zum grossen, wenn nicht grösseren
Teile von hereditären Einflüssen, seiner Umgebung
und Jugendeindrücken vorherbestimmt; er ist frei, d. h.
fähig, innerhalb gewisser enger Grenzen unter seinen
Motiven zu wählen, den gewählten seine Aufmerksamkeit zuzuwenden, sie zu betonen und schliesslich
im Notfalle, mit Hilfe der Überlegung und des Gedächtnisses, gewisse Motive hervorzurufen. Diese
Fähigkeit ist aber nicht unbeschränkt; es ist leicht
möglich, dass die Motive, welche er gern aus dem
Gedächtnis wegwischen möchte, sich als zu mächtig,
zu tief eingedrückt, zu inständig erweisen, dass die-

jenigen, an welche er sich gern anklammern möchte, zu wenig Anziehungskraft besitzen, und dass diejenigen welche er selbst hervorzurufen imstande ist, zu gering an Anzahl oder Stärke sind um den Sieg über diejenigen davonzutragen, denen er schliesslich nachgiebt. Libertarier wie Martineau stellen sich den Menschen viel zu olympisch vor, wenn sie ihn als „Herren und Richter seiner Antriebe" bezeichnen; keine Ausdrucksweise ist für diese Philosophen zu überschwänglich zur Beschreibung seiner souveränen Fähigkeit, „die ihm vorgelegten Probleme zu erledigen und zwischen den Ansprüchen der seinen Gerichtshof betretenden Parteien zu entscheiden"; keine Verurteilung zu streng, um ihn zu brandmarken, wenn er keinen Gebrauch von der schrankenlosen Gewalt macht, mit der ihn ihre eigene Einbildungskraft und Rhetorik in so verschwenderischem Masse ausgestattet hat. Die Natur hat nur leider vergessen, den Menschen in solch heroischen Verhältnissen zu bilden; wie wir gesehen haben, ist es sogar klar, dass in den meisten und wichtigsten der uns betreffenden Angelegenheiten unsere Entscheidung nicht angerufen, unser Wille nicht zu Rate gezogen wird; dass in den weniger zahlreichen und weniger wichtigen Angelegenheiten, wo unser Wille überhaupt in Anrechnung kommt, er nur eine Stimme unter vielen ist und dass, obwohl wir diese Stimme haben und der Besitz derselben ein nicht zu unterschätzendes Privilegium ist, sie durchaus nicht, wie dies die älteren Libertarier behaupten, immer die ausschlaggebende ist. In einem Worte, wir kommen wieder auf den gesunden Menschenverstand der aristotelischen Anschauung zurück, welche die Menschen nicht als *αἴτιοι*, sondern als *συναίτιοι τῶν ἕξεων* erklärt.

Unter der mannigfaltigen Schar der Mächte, welche unsere Handlungen und unseren Charakter bestimmen, erscheint unser kausales Ich als eine — selten, wenn je, als Kommandierender, am häufigsten wenig über dem Gemeinen stehend, manchmal zum Trossknechte erniedrigt, aber nie als oberster und unumschränkter Befehlshaber. Und so kommt es denn, dass wir wollen und unser Wille nicht durchdringt; dass wir streben und unser Ziel nicht erreichen; videmus meliora probamusque, deteriora sequimur. Der alte abgebrauchte Ausdruck „c'était plus fort que moi" ist nicht nur menschlich pathetisch, sondern philosophisch wahr. Diese Rücksichten hat die starre libertarische Auffassung, von dem unglücklichen Ausdruck „der freie Wille" in die Irre geführt, nur zu oft übersehen und vernachlässigt; die Lehre, welche wir uns bemüht haben in den vorstehenden Seiten darzustellen und zu beweisen, sollte uns zum wenigsten befähigen, diese Thatsachen und Rücksichten klarer im Auge zu behalten: und sofern die Philosophie mehr als blosse Theorie ist, sofern sie Beziehungen zum Leben und zur Praxis hat — sofern sie ihre eigene Existenz zu rechtfertigen imstande ist — muss sie in erster Linie immer von Thatsachen ausgehen, in letzter immer auf sie zurückkommen.

Im Jahre 1869 in Posen geboren, erhielt ich meine wissenschaftliche Bildung am Johannesgymnasium zu Breslau, wo mein verstorbener Vater, Dr. Hermann Warschauer, als Oberlehrer thätig war, und besuchte diese Anstalt bis zur Prima. Im Jahre 1886 begab ich mich nach Leeds in England und bezog im Wintersemester 1891 die Universität Oxford, wo ich bis 1894 am Exeter College literas humaniores und von 1894 bis 1897 am Manchester College Theologie studierte; nach Bestehen der üblichen Prüfungen graduierte ich daselbst 1894 als baccalaureus und später als magister artium. Nach Abschluss meiner Studien in Oxford und nachdem mir die Ehre zuteil geworden war, das von den Kuratoren der Hibbertschen Stiftung ausgesetzte Reisestipendium zu erlangen, hörte ich ein Jahr lang Vorlesungen über Philosophie und englische Literaturgeschichte am University College, London, und liess mich im Oktober 1898 als Hörer zu Jena einschreiben, wo ich neben meinem Fachstudium politische Ökonomie und englische Philologie trieb. Seit Anfang des Jahres bin ich als Geistlicher in Clifton angestellt. An dieser Stelle wünsche ich Herrn Geh. Hofrat Prof. Dr. Eucken für die vielen Anregungen, welche ich von ihm empfangen habe, sowie für das freundliche Interesse, welches er mir entgegengebracht hat, aufs Beste zu danken und ihn meiner steten Erkenntlichkeit zu versichern.

www.ingramcontent.com/pod-product-compliance
Lightning Source LLC
Chambersburg PA
CBHW032238080426
42735CB00008B/905